I0081893

735

A V I S

AU LECTEUR.

L'On a jugé à propos de ne donner
que les Extraits de certaines Lettres
choifies dans le nombre de vingt écri-
tes fur le même fujet dans l'année
1765 , pendant la demeure de M.
Néedham à Genève. Ces Extraits font
néceffaires pour l'intelligence de fes
réponfes : le refte n'eft qu'un tiffu des
lieux communs ou des impertinences
folles & dégoûtantes, lefquelles M.
Néedham n'a pas cru devoir préfenter
au Lecteur. En effet, comment répondre à des injures, des ordures ;

des bouffonneries & des blafphêmes,
finon par le mépris & le filence?

For want of decency is want of fenfe.

P O P E.

QUESTIONS

SUR LES

MIRACLES.

EXTRAIT

DE LA DEUXIEME LETTRE.

Comment les Philosophes peuvent admettre les Miracles.

HOBBES, Colins, Mylord Bolingbroke demandent d'abord s'il est vraisemblable que Dieu dérange le plan de l'univers ; si l Etre éternel en faisant ces loix ne les a pas faites éternelles ; si l'Etre immuable ne l'est pas dans ses ouvrages ; s'il est vraisemblable que l'Etre infini ait des vues particulieres, & qu'ayant soumis toute la Nature à une règle universelle,

A iij

il la viole pour un feul canton dans ce petit globe?

Si tout étant vifiblement enchaîné, un feul chaînon de la chaîne univerfelle peut fe déranger fans que la conftitution de l'univers en fouffre. Si, par exemple, la terre s'étant arrêtée pendant neuf à dix heures dans fa courfe, & la lune dans la fienne, pour favorifer la défaite de quelquescentaines d'Amorrhéens, il n'étoit pas abfolument néceffaire que tout le refte du monde planétaire fût bouleverfé.

Il eft évident que la terre & la lune s'arrêtant dans leur cours, l'heure des marées a dû changer. Les points de ces deux planettes dirigés vers les points correfpondants des autres aftres, ont dû avoir une nouvelle direction; ou toutes les autres planettes ont dû s'arrêter auffi. Le mouvement de projectile & de gravitation ayant été fufpendu dans toutes les planettes, il faut que les comètes s'en foyent reffenties ; le tout pour tuer quelques malheureux déja écrafés par une pluie de pierres ; tandis qu'il paroiffoit plus digne de la fageffe éternelle d'éclairer & de rendre heureux tous les hommes fans miracle, que d'en faire un fi grand dans la feule vue de donner à Josué plus de temps pour massacrer quelques fuyards assommés.

C'est bien pis quand il s'agit de l'étoile nouvelle qui parut dans les cieux, & qui conduisit les Mages d'Orient en Occident. Cette étoile ne pouvoit être moindre que notre soleil qui surpasse la terre un million de fois en grosseur. Cette masse énorme ajoutée à l'étendue, devoit déranger le monde entier composé de ces soleils innombrables appellés étoiles, qui probablement sont entourées de planettes. Mais que dut-il arriver, quand elle marcha dans l'espace malgré la loi qui retient toutes les étoiles fixes dans leur place ? Les effets d'une telle marche sont inconcevables.

Voilà donc non-seulement notre monde planétaire bouleversé, mais tous les mondes possibles aussi ; & pourquoi ? pour que dans ce petit tas de boue, appellé la terre, les Papes s'emparassent enfin de Rome, que les Bénédictins fussent trop riches, qu'Anne du Bourg fût pendu à Paris, & Servet brûlé vif à Genève.

Il en est de même de plusieurs autres miracles. La multiplication de trois poissons & de cinq pains nourrissent abondamment cinq

mille personnes. Que chacun ait mangé la
valeur de trois livres , cela compose la valeur
de quinze mille livres de matière, tirées du
néant , & ajoutées à la masse commune. Ce
sont-là, je crois, les plus fortes objections.

C'est à vous , Monsieur , de résoudre par
une saine philosophie , sans contradiction &
sans verbiage, ces difficultés philosophiques ,
& de montrer qu'il est égal à Dieu que les
loix éternelles soyent continuées ou suspen
dues , que les Amorrhéens périssent ou se sau-
vent , & que cinq mille hommes jeûnent ou
repaissent. Dieu a pu parmi les mondes innombrables qu'il a formés choisir cette planet-
te , quoiqu'une des plus petites , pour y déranger ses loix ; & si on prouve qu'il l'a fait ,
nous triomphons de la vaine philosophie.
Votre Théologie & votre science feront encore
moins embarrassées à mettre dans un jour lu-
mineux l'authenticité de tous les miracles de
l'ancien & du nouveau Testament.

. . . .

Ces objections , qu'il ne faut pas dissimuler ,
ont paru si spécieuses, qu'on y répond encore
tous les jours. Mais toujours répondre , est
une preuve qu'on a mal répondu : car si on

avoit terraffé fon ennemi du premier coup ;
on n'y reviendroit pas à tant de fois.

. . . .

Le cœur me faigne , quand je vois des
hommes remplis de fcience , de bon fens &
de probité rejetter nos miracles, & dire qu'on
peut remplir tous fes devoirs fans croire que
Jonas ait vécu trois jours & trois nuits dans
le ventre d'une baleine , lorfqu'il alloit par
mer à Ninive qui eft au milieu des terres.
Cette mauvaife plaifanterie n'eft pas digne de
leur efprit, qui d'ailleurs mérite d'être éclairé. J'ai honte de vous en parler ; mais elle
me fut répétée hier dans une fi grande affemblée,que je ne peux m'empêcher de vous fup-
plier d'émouffer la pointe de ces difcours fri-
voles par la force de vos raifons. Prêchez
contre l'incrédulité , comme vous avez prê-
ché contre le loup qui ravage mon cher pays
du Gévaudan , dont je fuis natif : vous aurez le même fuccès , & tous nos citoyens ,
bourgeois , & habitans, vous béniront , & c.

TROISIEME LETTRE
DU PROPOSANT

A Monsieur le Professeur en Théologie.

MONSIEUR,

JE vous prie de venir à mon secours contre un grand Seigneur Allemand qui a beaucoup d'esprit, de science & de vertu, & qui malheureusement n'est pas encore persuadé de la vérité des miracles opérés par notre divin Sauveur. Il me demandoit hier pourquoi Jésus auroit fait ces miracles en Galilée ? Je lui dis que c'étoit pour établir notre sainte Religion à Genève, dans la moitié de la *Suisse* & chez les Hollandois.

Pourquoi donc, dit-il, les Hollandois ne furent-ils Chrétiens qu'au bout de huit cents années ? pourquoi donc n'a-t-il pas enseigné lui-même cette Religion ? Elle consiste à croire le péché originel, & Jésus n'a pas fait la moindre mention du péché originel : à croire que Dieu a été homme, & Jésus n'a jamais dit qu'il étoit Dieu & homme tout ensemble :

à croire que Jéſus avoit deux natures , & il n'a jamais dit qu'il eût deux natures : à croire qu'il eſt né d'une Vierge , & il n'a jamais dit lui-même qu'il fût né d'une Vierge ; au contraire , il appelle ſa mere *femme* ; il lui dit durement, *femme, qu'y a-t-il entre vous & moi ?* à croire que Dieu eſt né de David ; & il ſe trouve qu'il n'eſt point né de David : à croire ſa généalogie , & on lui en a fait deux qui ſe contrediſent abſolument.

Cette Religion conſiſte encore dans certains rites , dont il n'a jamais dit un ſeul mot. Il eſt clair par vos Evangiles que Jéſus naquit Juif , vécut Juif, mourut Juif ; & je ſuis fort étonné que vous ne ſoyez pas Juif. Il accomplit tous les préceptes de la loi Juive ; pourquoi les réprouvez-vous ?

On lui fait dire même dans un Evangile : *Je ne ſuis pas venu détruire la loi, mais l'accomplir.* Or eſt-ce accomplir la Loi Moſaïque que d'en avoir tous les rites en horreur ? Vous n'êtes point circoncis , vous mangez du porc , du lièvre & du boudin. En quel endroit de l'Evangile Jéſus vous a-t-il permis d'en manger ? Vous faites & vous croyez tout ce qui n'eſt pas dans l'Evangile. Comment donc pou-

vez-vous dire qu'il eſt votre règle ? Les Apôtres
de Jéſus obſervoient la loi Juive comme lui.
Pierre & Jean montèrent au Temple à l'heure
neuvième de l'oraiſon , (Actes des Apôtres ,
ch. 16.) Paul alla long-temps après judaïſer
dans le Temple pendant huit jours , ſelon le
conſeil de Jacques. Il dit à Feſtus , je ſuis
Phariſien. Aucun Apôtre n'a dit : *Renoncez à*
la Loi de Moïſe. Pourquoi donc les Chrétiens
y ont-ils entierement renoncé dans la ſuite
des temps ?

Je lui répondis avec cette modération qui
ſied ſi bien à la vérité , & avec la modeſtie
convenable à ma médiocrité. Si Dieu n'a rien
écrit , & ſi dans les Evangiles Dieu n'a point
enſeigné expreſſément la Religion Chrétienne ,
telle que nous l'obſervons aujourd'hui , ſes
Apôtres y ont ſuppléé : s'ils n'ont pas tout dit ,
les Pères de l'Egliſe ont annoncé ce que les
Apôtres avoient préparé : enfin , les Conciles
nous ont appris ce que les Apôtres & les Pères
avoient cru ne devoir pas dire. Ce ſont les
Conciles, par exemple, qui nous ont enſeigné la
conſubſtantiabilité , les deux natures dans une
ſeule perſonne , & une ſeule perſonne avec
deux volontés. Ils nous ont appris que la pa-

ternité n'appartient pas au Fils ; mais qu'il a la
vertu productive ; & que l'Esprit ne l'a pas ;
parce que le S. Esprit procéde, & n'est pas
engendré : & bien d'autres mystères encore sur
lesquels Jésus, les Apôtres, les Pères avoient
gardé le silence : il faut que le jour vienne
après l'aurore.

Laissez - là votre aurore, me répondit-il,
une comparaison n'est pas une raison. Je suis
trop entouré de ténébres. Je conviens que les
objets principaux de votre foi, ont été déterminés dans des Conciles ; mais aussi d'autres
Conciles non moins nombreux, ont admis une
doctrine toute contraire. Il y a eu autant de
Conciles en faveur d'Arius & d'Eusèbe, qu'en
faveur d'Athanase.

Comment Dieu seroit-il venu mourir sur
la terre par le plus grand & le plus infâme des
supplices, pour ne pas annoncer lui - même sa
volonté, pour laisser ce soin à des Conciles qui
ne s'assembleroient qu'après plusieurs siécles,
qui se contrediroient, qui s'anamatiseroient
les uns les autres, & qui feroient verser le
sang par des soldats & par des bourreaux?

Quoi ! Dieu vient sur la terre, il y naît
d'une Vierge, il y habite trente-trois ans, il

périt du supplice des Esclaves, pour nous en-
seigner une nouvelle Religion ? Et il ne nous
l'enseigne pas ! il ne nous apprend aucun de
ses dogmes ! il ne nous commande aucun rite !
tout se fait, tout s'établit, se détruit, se renouvelle avec le temps à Nicée, à Calcédoine,
à Éphèse, à Antioche, à Constantinople, au
milieu des intrigues les plus tumultueuses, &
des haines les plus implacables ! Ce n'est enfin
que les armes à la main qu'on soutient le pour
& le contre de tous ces dogmes nouveaux.

Dieu, quand il étoit sur la terre, a fait la
Pâque en mangeant un Agneau cuit dans des
laitues ; & la moitié de l'Europe depuis plus
de huit siècles croit faire la Pâque en mangeant Jésus-Christ lui-même en chair & en os.
Et la dispute sur cette façon de faire la Pâque, a fait couler plus de sang que les querelles des Maisons d'Autriche & de France,
des Guelfes & des Gibelins, de la Rose blan-
che & de la Rose rouge, n'en ont jamais répandu. Si les campagnes ont été couvertes de cadavres pendant ces guerres, les Villes ont été
hérissées d'échafauds pendant la paix. Il semble
que les Pharisiens, en assassinant le Dieu des
Chrétiens sur la Croix, ayent appris à ses sui-

vants à s'assassiner les uns les autres sous le
glaive, sur la potence, sur la roue, dans la
flâmes. Persécutés & persécuteurs, martyrs &
bourreaux tour à tour, également imbécilles,
également furieux, ils tuent & ils meurent
pour des arguments dont les Prélats se moquent en recueillant les dépouilles des morts
& l'argent comptant des vivants.

Je vis que ce Seigneur s'échauffoit ; je lui
répondis humblement ce que j'ai déja soumis
à vos lumières dans ma seconde Lettre, qu'il ne
faut pas prendre l'abus pour la loi. Jésus-Christ,
lui dis-je, n'a commandé ni le meurtre de
Jean Hus, ni celui d'Anne du Bourg, ni celui
de Servet, ni celui de Jean Calas, ni les
guerres civiles, ni la Saint Barthelemy.

Je vous avouerai, Monsieur, qu'il ne fut
point du tout content de cette réponse. Ce
seroit, me dit-il, insulter à ma raison, & à
mon malheur de vouloir me persuader qu'un
tigre, qui auroit dévoré tous mes parens, ne
les auroit mangés que par abus, & non par
la cruauté attachée à sa nature. Si la Religion
Chrétienne n'avoit fait périr qu'un petit nombre de Citoyens, vous pourriez imputer ce
crime à des causes étrangères.

Mais que pendant quatorze à quinze siècles entiers, chaque année ait été marquée
par des meurtres, fans compter les troubles
affreux des familles, les cachots, les drago-
nades, les perfécutions de toute efpèce, pires
peut-être que le meurtre même ; que ces horreurs ayent toujours été commifes au nom de
la Religion Chrétienne, qu'il n'y ait d'exemple de ces abominations que chez elle feule ; alors quel autre qu'elle-même pouvons-
nous en accufer ? Tous ces affaffinats, de tant
d'efpèces différentes, n'ont eu qu'elle pour
fujet, & pour objet ; elle en a donc été la
caufe. Si elle n'avoit pas exifté, ces horreurs
n'auroient pas fouillé la terre. Les dogmes
ont amené les difputes, les difputes ont produit les factions, ces factions ont fait naître
tous les crimes. Et vous ofez dire que Dieu
eft le pere d'une barbare engraiffée de nos
biens & teinte de notre fang, tandis qu'il lui
étoit fi aifé de nous en donner une auffi douce
que vraie, auffi indulgente que claire, auffi
bienfaifante que démontrée !

Vous ne fçauriez croire quel enthoufiafme
d'humanité & de zèle échauffoit les difcours
de ce bon Seigneur. Il m'attendrit ; mais il

ne

ne m'ébranla point : je lui dis que nos paſſions,
dont nous avons reçu le germe des mains de
la Nature, & que nous pouvons régler, ont
fait autant de mal qu'il en reprochoit au Chriſtianiſme. Ah ! dit - il, (les yeux mouillés de
larmes) nos paſſions ne ſont point divines ;
mais vous prétendez que le Chriſtianiſme eſt
divin. Etoit-ce à lui d'être plus inſenſé & plus
barbare que nos paſſions les plus funeſtes ?

Je fus ému de ces paroles. Hélas ! dis-je,
nous avons tout fait ſervir à notre perte, juſqu'à la Religion même ! mais ce n'eſt pas la
faute de ſa morale, qui n'inſpire que la douceur & la patience ; qui n'enſeigne qu'à ſouf-
frir, & non à perſécuter.

Non, reprit-il, ce n'eſt pas la faute de ſa
morale. C'eſt celle du dogme ; c'eſt ce dogme
qui *diviſe en effet la femme & l'époux , le fils
& le père , qui apporte le glaive & non la paix.*
Voilà la ſource malheureuſe de tant de maux.
Socrate, Epitecte, l'Empereur Antonin, ont
enſeigné une morale pure contre laquelle nul
mortel ne s'eſt jamais élevé ; mais ſi, non con-
tents de dire aux hommes, ſoyez juſtes &
réſignés à la Providence, ils avoient ajouté,
croyez qu'Epictete procède d'Antonin, ou bien

B

qu'il procède d'Antonin , & de Socrate :
croyez-le , ou vous périrez fur un échafaud,&
vous ferez éternellement brûlés dans l'enfer :
fi,dis-je , ces grands hommes avoient exigé une
telle croyauce , ils auroient mis les armes à la
main de tous les hommes , ils auroient perdu
le genre humain dont ils ont été les bienfaiteurs.

Par tout ce que me difoit ce Seigneur ref-
pectable , je vis que fon ame eft belle , qu'il
déteste la perfécution , qu'il aime les hommes , qu'il adore Dieu , & que fa feule erreur
eft de ne pas croire ce que Paul appelle la folie
de la croix de ne pas dire avec Auguftin , *je
le crois parce qu'il eft abfurde , je le crois
parce qu'il eft impoffible.* Je plaignois fon obftination , & je refpectois fon caractère.

Il eft aifé de ramener au joug une ame criminelle & tremblante qui ne raifonne point :
mais il eft bien difficile de fubjuguer un homme vertueux qui a des lumières. J'effayai de
le dompter par fa vertu même. Vous êtes
jufte , vous êtes bienfaifant , lui dis-je , les
pauvres avec vous ceffent d'être pauvres ; vous
conciliez les querelles de vos voifins ; l'innocence opprimée trouve en vous un fûr appui.

Que n'exercez-vous le bien que vous faites au nom de Jéfus qui l'a ordonné ? Voici, Monfieur, ce qu'il me répondit : Je m'unis à Jéfus s'il me dit, *aimez votre prochain* : car alors il a dit ce que j'ai dans mon cœur ; il m'a prévenu. Mais je ne fçaurois fouffrir qu'un Auteur attribue à Jéfus un feul précepte qui fe trouve dans Moïfe comme dans Confucius, & dans tous les Moraliftes de l'antiquité. Je m'indigne de voir qu'on fafse dire à Jéfus, je vous apporte un précepte nouveau, je vous fais un commandement nouveau, (*a*) *c'eft que vous vous aimiez mutuellement.* Le Lévitique avoit promulgué ce précepte deux mille ans auparavant d'une manière bien plus énergique, quoique moins naturelle, (*b*) *tu aimeras ton prochain comme toi-même* ; & c'étoit un des préceptes des Chaldéens. Cette faute groffière & impardonnable dans un Auteur Juif, fait foupçonner à beaucoup de *Savans* que l'Evangile attribué à Jean, eft d'un Chrétien Platonicien qui écrivit dans le commencement du fecond fiècle de notre ère, & qui connoiffoit moins l'Ancien Téftament que Pla-

(*a*) Jean ch. 13.
(*b*) Lévitiq. ch. 10.

ton, dans lequel il a pris presque tout le premier Chapitre.

Quoi qu'il en soit de cette fraude & de tant
d'autres fraudes, j'adopte la saine morale
par-tout où je la trouve : elle porte l'empreinte de Dieu même ; car elle est uniforme dans
tous les temps & dans tous les lieux. Qu'a-t-elle besoin d'être soutenue par des prestiges,
& par une métaphysique incompréhensible ?
En serai-je plus vertueux, quand je croirai
que le Fils a la puissance d'engendrer, & que
l'Esprit procède sans avoir cette puissance ? Ce
galimatias théologique est-il bien utile aux
hommes ? y a-t-il aujourd'hui un esprit sensé,
qui pense que le Dieu de l'Univers nous de-
mandera un jour si le Fils est de même nature
que le Père, ou s'il est de semblable nature ?
qu'ont de commun ces vaines subtilités avec
nos devoirs ?

N'est-il pas évident que la vertu vient de
Dieu, & que les dogmes viennent des hommes
qui ont voulu dominer ? vous voulez être pré-
dicant, prêchez la justice & rien de plus. Il
nous faut des gens de bien, & non des So-
phistes. On vous paye pour dire aux enfans :
Respectez, aimez vos pères & vos mères ; soyez

foumis aux loix ; ne faites jamais rien contre
votre conscience. Rendez votre femme heureu-
se ; ne vous privez pas d'elle fur de vains ca-
prices : élevez vos enfans dans l'amour du
jufte & de l'honnête ; aimez votre patrie. Ado-
rez un Dieu éternel & jufte. Sçachez que.puif-
qu'il eft jufte , il récompenfera la vertu,& pu-
nira le crime. Voilà , continua-t-il, le fymbole
de la raifon & de la juftice. En inftruifant la
jeuneffe de ces devoirs, vous ne ferez pas à
la vérité décorés de titres & d'ornemens
faftueux , vous n'aurez pas un luxe méprifa-
ble & un pouvoir abhorré. Mais vous aurez
la confidération convenable à votre état , &
vous ferez regardés comme de bons citoyens;
ce qui eft le plus grand des avantages.

Je ne vous répete , Monfieur , qu'une très-
foible partie de tout ce que me dit ce bon
Seigneur. Je vous conjure de l'éclairer : il
mérite de l'être. Il eft vertueux , il adore fin-
cèrement dans Dieu le Pere commun de tous
les hommes, un Père infiniment fage & infiniment tendre , qui ne préfere point le cadet à
l'aîné , qui ne prive point de fon foleil le plus
grand nombre de fes enfans pour aveugler le
plus petit à force de lumieres , un Père infini-

ment jufte qui ne châtie que pour corriger ,
& qui récompenfe au-delà de notre efpoir &
de notre mérite. Ce bon Seigneur met dans le
gouvernement de fa maifon toutes ces maximes en pratique. Il femble qu'il imite le Dieu
qu'il adore ; vous lui donnerez tout ce qui lui
manque.

Il faut qu'il croye que Dieu eft né dans le
petit canton de la Judée, qu'il y a changé
l'eau en vin , qu'il s'eft transfiguré fur le Ta-
bor , qu'il a été tenté par le diable; qu'il a
envoyé une légion de diables dans un trou-
peau de cochons ; que l'âneffe de Balaam a
parlé , auffi-bien que le ferpent ; que le foleil
s'eft arrêté à midi fur Gabaon , & la lune fur
Aïalon , pour donner le temps aux bons Juifs
de maffacrer une douzaine ou deux de pauvres innocens , qu'une pluie de groffes pierres
avoit déja affommes ; que dans l'Egypte où
il n'y avoit point de cavalerie, le Pharaon,
dont on ne dit pas le nom, pourfuivit trois
millions d'Hébreux avec une nombreufe cavalerie , après que l'Ange du Seigneur avoit
tué toutes les bêtes , &c. &c. &c. &c. &c. Il
faut que fa raifon foumife ait une foi vive

pour tous ces myſtères : ſans cela que lui ſer-
viroit ſa vertu ?

Je ſçais, Monſieur, que cette énumération
des miracles qu'on doit croire, peut effaroucher quelques ames pieuſes, & paroître ridicule aux incrédules ; mais je n'ai point craint
de les rapporter, parce que ce ſont ceux qui
exercent le plus notre foi. Dès qu'on croit un
miracle moins révoltant, on doit croire tous
les autres quand c'eſt le même Livre qui nous
les certifie.

Ayez la bonté, Monſieur, de m'apprendre ſi je ne vais pas trop loin. Il y a des gens
qui diſtinguent les miracles dont on eſt d'accord, ceux qu'on nie, ceux dont on eſt en doute.
Pour moi je les admets tous ainſi que vous-
même. Je crois ſur-tout avec vous le miracle
éternel de la conſubſtantiabilité , non-ſeule-
ment parce qu'il eſt contraire à ma raiſon,
mais parce que je ne peux m'en former aucune idée ; & j'oſe dire que j'admettrois (Dieu
me pardonne) le miracle de la tranſubſtan-
tiation , ſi le ſaint Concile de Nicée, & le mo-
déré ſaint Athanaſe l'avoient enſeigné.

J'ai l'honneur d'être , &c.

B iv

CINQUIEME LETTRE

DU PROPOSANT,

A MONSIEUR N.....

MONSIEUR,

VRAIMENT! vous avez eu grand tort de vous déguiser fouc le nom d'un Théologien; & vous n'avez pas eu raifon de faire l'Aftronome. On voit bien que vous vous fervez du quart de cercle comme du microfcope. Vous vous étiez fait une petite réputation parmi les Athées pour avoir fait des anguilles avec de la farine ; & de-là vous aviez conclu que fi de la farine produifoit des anguilles , tous les animaux, à commencer par l'homme, avoient pu naître à peu près de la même façon. La feule difficulté qui reftoit, étoit de fçavoir comment il y avoit eu de la farine avant qu'il y eût des hommes.

Vous avez cru que vos anguilles reffembloient aux rats d'Egypte, qui étoient d'abord moitié rats & moitié fange, ainfi que quelques hommes qui fe mêlent d'écrire & d'injurier leur prochain.

(*a*) D'Athée que vous étiez ; vous êtes devenu témoin de miracles. Apparemment que vous avez voulu faire pénitence ; mais on voit, Monfieur, que vous n'êtes pas trop bon Chrétien, & que vous n'avez pas plus appris la Religion que la politeffe.

Un pauvre Propofant fait humblement des queftions à un grave Profeffeur, & vous, vous jettez à la traverfe comme l'Avocat Breniquet qui répondoit toujours à ce qu'on ne lui demandoit pas. De quoi vous mêlez-vous ? Je demandois de nouvelles inftructions à mon Maître pour affermir les Fidèles dans la croyan-

(*a*) Le Lecteur eft prié de confulter les nouvelles Obfervations Microfcopiques, imprimés chez Gareau, rue S. Severin, en 1750, & les nouvelles Recherches Phyfiques & Métaphyfiques fur les Etres Microfcopiques, fur la génération des Corps organifés, fur la Théorie de la terre, combinée avec la Cofmogonie de Moyfe, & fur la Nature ; & la Religion en général, par M. Néedham, 1769, chez Lacombe, Libraire, rue Chriftine, pour voir s'il mérite l'imputation d'Athée, dont M. de Voltaire le décore. On fe convaincra par-là facilement que notre malheureux Poete, dont l'imagination depuis fa naiffance dans le monde littéraire fe déploye aux dépens de fa pauvre raifon, ne fe connoît pas mieux en Philofophie, qu'en Religion.

ce des miracles, & vous venez ébranler leur foi par les plus grandes abſurdités qu'on ait jamais dites !

On prétend pourtant que vous êtes Anglois. Ah! Monſieur, vous êtes Anglois comme Arlequin eſt Italien. Il n'en eſt pas moins balourd. Je vous pardonne d'être un ignorant ; mais je ne vous pardonne pas d'être un homme très-groſſier qui a l'inſolence de mêler dans cette querelle & de nommer des gens qui ne devoient pas s'y attendre : vous avez cru peut-être que votre obſcurité vous mettroit à l'abri ; mais, croyez-moi, que le mépris auquel vous vous êtes attendu , ne vous donne pas trop de ſécurité.

EXTRAIT DE LA
SEIZIEME LETTRE
DU PROPOSANT.

MONSIEUR,

. . . .

NOUS nous mîmes à table après avoir baisé la robe de Madame la Comtesse, selon l'usage. M. Néedham parla beaucoup de vous; il fit votre éloge; car si la diversité de vos Religions vous divise, la conformité de vos mérites vous réunit. Vous sçavez qu'à diner la conversation change toujours d'objets; on parla de Mademoiselle Clairon, de la Loterie, de la Compagnie des Indes de France, des Anglois, & de l'Amérique. M. le Comte daigna nous lire une grande lettre qu'il avoit reçue de Boston : en voici le précis.

» Nous conclûmes dernierement la paix » avec la Nation des Savanois. Une des condi-

» tions étoit qu'ils nous rendroient de jeunes
» garçons Anglois & de jeunes filles qu'ils
» avoient pris il y a quelques années. Ces en-
» fans ne vouloient pas revenir auprès de
» nous. Ils ne pouvoient se détacher de leurs
» Chefs Savanois. Enfin le Chef des Tribus
» nous ramena hier ces captifs tous parés de
» belles plumes , & nous tint ce discours.

» Voici vos fils & vos filles que nous vous
» ramenons ; nous en avions fait les nôtres ,
» nous les adoptâmes dès que nous en fûmes
» les maîtres. Nous vous rendons votre chair
» & votre sang ; traitez-les avec la même
» tendresse que nous les avons traités ; ayez
» pour eux de l'indulgence , quand vous ver-
» rez qu'ils ont oublié parmi nous vos mœurs
» & vos usages. Puisse le grand Génie qui
» préside au monde nous accorder la conso-
» lation de les embrasser quand nous vien-
» drons sur vos terres , jouir de la paix qui
» nous rend tous freres , &c.

Cette Lettre nous attendrit tous. M. Néedham s'étonna que tant d'humanité pût animer le cœur des Sauvages. Pourquoi les ap-
pellez-vous sauvages , dit M. le Comte ? Ce

font des peuples libres qui vivent en société ;
qui pratiquent la justice, qui adorent le grand
Esprit comme moi. Sont-ils sauvages parce
que leurs maisons, leurs habits, leur langage, leur cuisine, ne ressemblent pas aux
nôtres ?

Ah ! Monseigneur, vous voyez bien qu'ils
font sauvages, puisqu'ils ne font pas Chrétiens, & qu'il est impossible qu'ils ayent
tenu un discours si chrétien sans un miracle. Je suis persuadé que ce Chef des Savanois
étoit quelque Jésuite Irlandois déguisé, qui
leur a porté les lumieres de la Foi. La nature humaine elle seule n'est pas capable de
tant de bonté sans le secours d'un Mission-
naire. Ou c'étoit un Jésuite qui parloit ; ou
Dieu, par un miracle spécial, a illuminé
tout-d'un-coup ces barbares. Comment pour-
roient-ils avoir de la vertu, puisqu'ils ne font
pas de ma Religion ?   .   .   .   .

.   .   .   .

Quand nous tuâmes tant d'hérétiques, ce
n'étoient ni nos enfans, ni nos femmes dont
nous versions le sang ; nous n'avions pas en-

core atteint la précifion de la loi. Les mœurs
fe font bien corrompues depuis ces heureux
temps. On fe borne aujourd'hni à de petites
perfécutions qui en vérité ne valent pas la
peine qu'on en parle. Cependant les perfécutés de notre temps crient comme s'ils
étoient fur le gril de S. Laurent, où fur la
croix de S. André. Les mœurs dégénèrent,
la molleffe s'infinue, on s'en apperçoit tous
les jours. Je ne vois plus de ces perfécutions
vigoureufes, fi agréables au Seigneur; il n'y
a plus de Religion !

Des coquins fe bornent infolemment à
l'adoration d'un Dieu , auteur de tous les
êtres, Dieu unique , Dieu incommunicable,
Dieu jufte, Dieu rémunérateur & vengeur;
Dieu qui a imprimé dans nos cœurs la loi
naturelle & fainte , Dieu de Platon & de
Newton , Dieu d'Epictete & de ceux qui ont
protégé la famille de Calas contre huit Juges bons Catholiques. Ils adorent ce Dieu
avec amour, ils chériffent les hommes, ils
font bienfaifants, quelle abfurdité & quelle
horreur!

Cet impudent ofa me dire ? Eſt-il proba-
ble que Moiſe eût ainſi fuppofé qu'il y avoit
des Rois Iſraëlites de ſon temps ? Il n'y en
eut, à compter juſte, que fept cent ans après
lui. N'eſt-ce pas comme ſi on faiſoit dire à
Polybe : *Voici les Confuls qui furent à la*
tête du Sénat, avant qu'il y eût des Em-
pereurs Romains ? N'eſt - ce pas comme ſi
on faiſoit dire à Grégoire de Tours : *Voici*
quels furent les Rois des Gaules, avant que
la Maiſon d'Autriche fût fur le Trône? Eh !
bête brûte, lui répondis-je, ne voyez-vous
pas que c'eſt une prophétie ; que c'eſt-là le
miracle, & que Moiſe a parlé des Rois d'Iſraël comme perçant dans-l'avenir ? car enfin le nom d'Iſraël eſt Chaldéen ; il ne fut
adopté des Juifs que bien des ſiécles après
Moiſe ; donc Moiſe écrivit le Pentateuque ;
donc tout ce qui n'étoit pas Juif a été damné
juſqu'au regne de Tibère ; donc la rédemp-
tion ayant été univerſelle, toute la terre,
excepté nous, eſt damnée.

Il y avoit là un Anglois qui n'avoit encore

ni parlé, ni ri : il mesura d'un coup d'œil là
figure du petit Néedham avec un air d'é-
tonnement & de mépris, & mêlé d'un peu
de colère, & lui dit en Anglois :

Do you come from bedlam, you booby.

RÉPONSE

RÉPONSE

D'UN THÉOLOGIEN

AU DOCTE PROPOSANT

Des Questions sur les Miracles.

MONSIEUR LE PROPOSANT DES AUTRES QUESTIONS,

AVANT que de s'engager dans une discussion, qui demande un certain degré de science, on doit commencer par acquérir les connoissances nécessaires. Si un Philosophe m'objecte que les miracles ne font pas vraisemblables, parce que, selon lui, l'Univers se gouverne comme une machine, sans cause premiere ; je réponds que le vraisemblable n'est pas toujours vrai, ni le vrai toujours vraisemblable. Selon vous, la Morale, qui est bien peu de chose, doit être assujettie à la Physique. Selon moi, la Physique doit être assujettie à la Morale. Les miracles

C

ne font que des exceptions locales , dont Dieu eft toujours maître, qui ne dérangent pas le fyf-téme général ; mais en revanche ils nous ont valu l'établiffement de la Morale Evangéli-que , & cette Morale a donné une fuite d'hommes vertueux dans tous les fiécles , qui ne valoient pas moins que M. le Propofant des queftions fur les miracles.

Ce Philofophe profond veut que tout le fyftême de l'Univers fe dérange pour pro-longer le jour en faveur de Jofué ; planet-tes , cométes , mouvement projectile , gra-vitation , &c. & ce Philofophe , malgré fa profondeur , ne voit pas que la prolonga-tion du jour ne demande pas autre chofe, que la fimple fufpenfion de la rotation de la terre autour de fon axe. La terre en at-tendant continue tranquillement fa courfe ; la Lune , les planettes & les cométes circu-lent fans s'arrêter un inftant , . & la fufpen-fion du mouvement de projectile & de gra-vitation n'a rien à faire avec le miracle de Jofué. Pour que M. le Propofant puiffe fe propofer , à l'imitation d'Alphonfe , Roi de Caftille , comme digne d'affifter au Con-feil du Très-Haut , il lui conviendra très-fort de prendre d'avance quelques leçons d'Aſtronomie. *

M. le Propoſant des autres queſtions croit que c'eſt bien pis quand il s'agit de l'Etoile nouvelle , qui parut dans les Cieux , & qui conduiſit les Mages d'Orient en Occident ; cependant je ne vois rien de pis, que le bouleverſement entier du Ciel & de la Terre. N'importe ; paſſons-lui ſa volonté ſacrée ; puiſqu'un ſi grand homme le veut , il faut le croire. Mais pourquoi veut-il abſolument que cette Etoile ſoit auſſi grande que notre Soleil, qui ſurpaſſe la terre un million de fois en groſſeur ? Les étoiles fixes, il eſt vrai, ſont regardées communément par les Aſtronomes , comme égales en groſſeur à . notre Soleil ; mais celle - ci n'étoit pas une

---

* Sol , contra Gabaon ne movearis , & Luna contra vallem Aïalon. Steteruntque Sol & Luna...... Stetit itaque Sol in medio Cæli , & non feſtinavit occumbere ſpatio unius diei. Gabaon étoit à l'Occident , par rapport au Soleil, & la vallée d'Aïalon par rapport à la lune : rien n'eſt plus évident par le texte , qu'il ne s'agit uniquement que du mouvement diurne de la terre.

C ij

étoile fixe , puifqu'elle marchoit pour conduire les Mages; & Mercure fe nomme étoile
dans le ftyle commun , quoiqu'il foit bien
plus petit que la Terre , qui eft elle-même
un million de fois plus petite que le Soleil.
Il y a des Cométes de toute grandeur ; &
bien loin *d'être retenues par quelque loi de
ftabilité dans leur place , ou de déranger le
monde entier par une maffe énorme ajoutée
a l'étendue* , elles fe meuvent librement dans
toutes les directions poffibles. Une Cométe , telle que M. le Propofant la voudroit,
créée dès le commencement du Monde par
un Dieu qui prévoit tout , pour tenir exactement telle courfe , & paroître précifément
dans un tel temps , eft précifément ce qu'il
falloit pour conduire les Mages , & pour
être ftationaire felon la combinaifon de fon
mouvement avec celui de la terre au moment requis , fans bouleverfer l'Univers.

Il eft vrai , & très-vrai , comme M. le
Propofant ajoute fpirituellement , qu'il ne
valoit pas la peine , pas même , s'il veut,
de créer une cométe , *pour que dans ce petit tas de boue appellée la terre , les Papes
s'emparaffent enfin de Rome , que les Béné-*

dictins fussent trop riches , qu' Anne du Bourg fût pendue à Paris , & Servet brûlé vif à Genève. C'est précisément comme si l'on disoit , qu'il ne valoit pas la peine d'avoir une législation en France , pour que deux cent maltotiers s'enrichissent aux dépens du peuple , ou d'encourager la poësie , pour que la Pucelle d'Orléans fût mise au jour , au grand scandale de tous les gens de bien. * Mais si M. le Proposant ne voit pas des fins plus augustes & plus dignes de la Divinité , dans l'établissement de la Religion Chrétienne , ce n'est pas la faute de son fondateur. En attendant qu'il voye plus clair , les Papes valent bien les Tiberes & les Nérons ; les Bénédictins partagent leurs richesses selon la volonté du Prince avec bien des personnes étrangeres à leur Institut , gens du monde , & du bon ton , qui ne donnent au-

---

* *Dii magni ! horribilem , & sacrum libellum !* Cat. Je raisonne ici *ad hominem ,* selon sa façon louche d'envisager les objets , pour le frapper avec plus de force & faire sentir vivement au Lecteur le fiel & la foiblesse de ses paralogismes. *Répondez,* dit Salomon , *à un insensé selon sa folie.*

C iij

cune prife à la haîne philofophique , & pour
preuve que la Religion , telle que l'Evangile nous la tranfmet, épurée de toute paf-
fion , ne pend & ne brûle perfonne , il fuffit de voir que bien des gens , cent fois pires que Servet , fe déchaînent en chiens enragés contr'elle , fans que perfonne penfe à les
brûler. Nos Philofophes , malheureufement,
font venus quelques fiécles trop tard , ou
pour réprimer la puiffance des Papes, dont
ils fe plaignent , ou pour déclamer avec
avantage contre l'intolérance odieufe qu'ils
reprochent aux Eccléfiaftiques.

M. le Propofant calcule très-fçavamment
que la multiplication miraculeufe de deux
poiffons, & de cinq pains, fuppofe la valeur de quinze mille livres de matiere tirées du néant , & ajoutées à la maffe commune. Calcul fans doute effrayant ! Sur-
tout, fi cette matiére fût tirée du néant,
ce qui n'eft pas abfolument néceffaire pour
l'exiftence du miracle , mais qui n'égale pas
tout-à-fait la création de l'Univers , fans
être pourtant plus impoffible, *fi Deus in-*
terfit. Mais que dira-t-il , fi cette multiplication fe faifoit par la fimple converfion

d'autre matiére en poiſſon & en pain ? Dieu ,
qui donne ſans ceſſe , par les loix ordinai-
res de la nature , une quantité de nourriture
ſuffiſante pour l'immenſité de ſes créatures,
ne pouvoit-il pas d'une maniére plus abré-
gée , produire aſſez , par une converſion in-
ſtantanée , en le tirant de la maſſe commune , pour nourrir abondamment cinq mille
perſonnes ? Si ce ſont là , comme le Propoſant croit, les plus fortes objections contre les
Miracles, un Chrétien à qui ſa Religion eſt
chere , peut ſe tranquilliſer ſur ſon ſort ,
ſans s'effrayer beaucoup des efforts des incrédules. Du reſte , celui qui ne voit dans
ces deux miracles , que la deſtruction de
quelques centaines d'Amorrhéens, ou le repas de cinq mille perſonnes , ſans étendre
ſa vue à toute la chaîne de cauſes & d'effets , ne voit en vérité que peu de choſe.
Il y a entre lui , & le vrai ſçavant en fait
de Religion , autant de différence qu'il y
a entre le grand Newton & le Payſan qui
ne voit que la mouche qui le pique , & ſe
fâche contre le Ciel pour avoir produit un
animal ſi importun. Pour tout remede à la
baſſeſſe de ſa vue , je lui conſeille la lec-

C iv

ture de l'Hiſtoire univerſelle de Boſſuet ;
qui vaut bien celle de Voltaire pour le
moins ; parce que Boſſuet ne choiſit pas les
événemens, en les iſolant, pour les préſen-
ter enſuite ſelon la petiteſſe de certaines
vues particulieres , ſous tel coloris faux
qu'il plaît à l'amour - propre de leur donner ; mais il les enchaîne enſemble dans
leur ordre naturel, pour faire paroître les
deſſeins de la Divinité, qui préſide & qui
dirige ce que la Sainte Ecriture appelle *te-*
lam , quam orditus eſt ſuper omnes natio-
nes. Ici, philoſophie & ſublimité! là, petiteſſe , malignité & déclamation !

M. le Propoſant me pardonnera ſans doute , ſi je n'entre point dans un détail trop
long, qui me couteroit un volume de quelques centaines de pages , pour répondre à
toutes les objections ſurannées , qu'il en-
taſſe contre les miracles de l'ancien & du
nouveau Teſtament. Il avoue cependant,
ce qu'il ne faut pas diſſimuler, dit-il, qu'on
y répond encore tous les jours ; *mais tou-*
jours répondre , ajoute - t - il très-ſpirituelle-
ment, *eſt une preuve qu'on a mal répondu.*
Toujours répondre, ſuppoſe ſeulement que les

adverfaires reviennent à la charge ; mais en bonne Logique ce n'eft pas une preuve qu'on ait mal répondu , parce qu'on ne peut pas impofer filence aux opiniâtres , qui s'acharnent contre la vérité. On a toujours donné les mêmes réponfes à toutes ces objections très - furannées , & il y eut un temps où après des oppofitions marquées , la Religion triompha, *& filuit in confpectu ejus orbis terrarum ;* néanmoins qui peut répondre de la folie toujours renaiffante des hommes ? Les infenfés reviennent fans ceffe à la quadrature du cercle , malgré la démonftration de fon impoffibilité , & fi le plus grand des intérêts anime les Incrédules , eft-il étonnant qu'à mefure qu'on les recule , ils reviennent toujours ? Mais qu'il me foit permis de rétorquer leur argument. Si les foidifans Philofophes avoient tant fait par leurs objections , que d'écrafer parfaitement la Religion , & de la réduire dans l'efprit de tout homme fenfé à l'état de la fable de Mahomet ; je dirai plus , fi un feul parmi eux ofoit penfer que l'Evangile porte l'empreinte de fauffeté comme le Koran des Mufulmans , certains Maîtres d'incrédulité par

excellence ne feroient pas tentés de revenir
à tout moment, foit qu'ils écrivent, foit
qu'ils converfent, contre un livre, qu'ils met-
troient naturellement au rang des mille &
une nuits Arabes. Au lieu donc de nous per-
fécuter avec leurs doutes minutieux, & de
s'accrocher aux mots & aux fyllabes, en
épluchant la Bible, ils nous mépriferoient
trop pour fe donner tant de peines. Car
qu'un Japonnois s'avife de les menacer de
l'indignation de Xaca & d'Amida, ils s'en
moqueront indubitablement fans fe mettre
en colère, fans lui dire des injures, & fans
lui faire l'honneur de raifonner contre fes
erreurs. En revanche, la Religion fe foutient
toujours malgré la tempête. *Merfes profundo
pulchrior evenit. Per damna, per cædes ab
ipfo ducit opes animumque ferro.* Je crois
donc pouvoir affurer mes lecteurs, qu'ils
trouveront des réponfes très-folides, & très-
fatisfaifantes aux difficultés de M. le Propofant, dans les écrits polémiques de toutes
les Nations de l'Europe. Ces objections ne
font nouvelles que par la forme mauffade
qu'elles prennent entre les mains du Propofant; mais qu'il les préfente s'il peut dans

tout leur jour, elles ne font réellement que
de purs paralogifmes ; celui qui lui répond
par ce court imprimé eft qualifié par fes recherches, pour s'infcrire en faux contre leur
prétendue invincibilité. Après tout , l'invincibilité de certaines objections tant vantées
n'eft que relative, & fi l'on juge de leur
force par celle de M. le Propofant, la quef-
tion fera bientôt décidée ; ce petit écrit fuffit
pour le faire appercevoir.

Mais s'il n'eft pas un Logicien de la premiere claffe, il eft en revanche rempli d'humanité, il doit avoir naturellement le cœur
excellent. Oh! que je plains fa trop grande
fenfibilité, qui le fait tant fouffrir , & quel
malheur d'être né fi compâtiffant pour des
gens , qui certainement le payeront d'ingra-
titude ! « *Le cœur me faigne* , dit-il, quand
» je vois des hommes remplis de fcience, de
» bon fens & de probité, (& il auroit dû
» ajouter d'orgueil), rejetter les Miracles &
» dire , qu'on peut remplir tous fes devoirs
» fans croire que Jonas ait vécu trois jours &
» trois nuits dans le ventre d'une baleine ,
» *lorfqu'il alloit par mer à Ninive , qui eft*
» *au milieu des terres.* Effectivement à le pren-

dre comme il eft , il peut fort bien ignorer ,
comme il ignore nombre d'autres chofes très-
claires , qu'un homme ne peut pas remplir
tous fes devoirs fans croire tout ce que Dieu
exige de lui qu'il croye ; mais je ne puis par-
donner à fa fimplicité , ni à celle de cette
grande affemblée , (où l'efprit , dont il nous
donne un échantillon fi beau , voltigeoit librement aux dépens de nos pauvres croyans ,)
qu'ils ignorent tous , que Jonas n'alloit pas
alors *par mer à Ninive* , mais qu'au contraire
il s'étoit embarqué exprès dans un port de mer
pour s'enfuir & s'éloigner de plus en plus de
cette Ville Méditerranée. Tharfis , c'eft le nom
de l'endroit où il fe rendoit contre les ordres
de Dieu , certainement n'étoit pas au milieu
des terres. Que M. le docte Propofant ait donc
la bonté de relire fa Bible , & de revoir fes Car-
tes Géographiques ; je l'affure que fon pauvre
cœur ceffera de faigner pour ceux qui fe moquent fans doute de fon ignorance. Du refte ,
celui qui conferve la vie d'un enfant dans le
fein de fa mere , pendant plufieurs mois , par
des moyens faciles , & qui fe retrouvent très-
fouvent dans les adultes , felon les Anatomiftes,
peut auffi conferver la vie d'un homme pen-

dant trois jours & trois nuits dans le ventre ;
je ne dirai pas avec le Proposant, d'une baleine, car l'espece n'est pas décidée, mais de quelque gros poisson, qui étoit propre aux desseins
de la Divinité. Ici si les voies qu'elle a choisies
pour préfigurer le Messie vous blessent la vue,
& paroissent tortueuses, sçachez que souvent la sagesse de Dieu est folie auprès des
hommes, & que réciproquement la sagesse
charnelle de nos Philosophes est folie devant
Dieu. C'est un événement prophétique, qui
regarde directement le Messie, comme tant
d'autres dans la Bible, rejetté par l'Incrédule,
qui ne voit que la singularité du fait, sans voir
ni les moyens, ni la fin ; mais il est très-intelli-
gible, & très croyable au fidele Chrétien,
qui, connoissant la voix de Dieu, se repose sur
sa puissance, sa sagesse & sa véracité. Peignons
les faux Philosophes de nos jours d'un seul
trait : tout ce qui est au-dessus de ce qu'ils
voyent journellement, les frappe d'un éton-
nement stupide ; *comment peut - on être
Persan ?* *

---

* Jesus-Christ lui-même en se comparant à Jonas
atteste la vérité de ce fait prophétique, & quoique

Pour conclufion, voici l'avis fincere & ami‑
cal que le Répondant donne au Propofant. Si
tu es d'un grand efprit, ce qui ne paroît pas
trop par tes queftions, ou fi tu crois en avoir
beaucoup, ne te fie pas à ton génie, qui te
trompe ; & ne feme pas fourdement tes per‑
fuafions du cœur, pour rendre celui des au‑
tres auffi flottant & auffi remuant que le tien.
Je dirai de plus à tes Auditeurs, tes Lecteurs,
tes Admirateurs: Quand on vous infinue adroi‑
tement certaines difficultés captieufes, qui pa‑
roiffent porter contre la Religion ; ayez re‑
cours à ceux de vos Pafteurs, dont la profef‑
fion eft d'étudier fans ceffe les vérités éternel‑
les, & ne vous fiez pas aux faux Philofophes,
qui ne veulent ni entendre ni goûter ces ma‑
tières. Faites comme fi vous aviez quelque
maladie dangereufe, demandez un habile Mé‑

---

nous femblions toucher de près à ce temps malheu‑
reux dont il parle, quand il dit : *A l'arrivée du
Fils de l'homme*, *penfez‑vous qu'il trouvera de la foi
fur la terre?* néanmoins j'ofe me perfuader qu'un
grand nombre encore de nos Philofophes avec Rouf‑
feau à leur tête, en croiront plutôt Jefus‑Chrift que
M. le Propofant des autres queftions.

decin , & ne vous attachez pas aux Charlatans
ni à leurs Saltinbanques. Les Orateurs autrefois avec leur langue dorée ont causé la ruine
d'Athènes ; ils furent représentés , dit-on ,
par une figure avec la bouche ouverte, d'où
sortoient des liens , qui s'attachoient aux
oreilles d'une multitude d'Auditeurs. Quelqu'un s'avisa de demander , qui avoit attaché
tant de fainéans à ce malheureux? Demandez
plutôt , dit un assistant, ce qui pouvoit atta-
cher ce malheureux à tant de fainéans, dont
la plus vive passion est d'être chatouillés. *
Mais je m'arrête sans faire l'application de
cette histoire à notre siécle , pour admirer
l'esprit éclairé de M. le Proposant : car dans
les dernieres lignes, & comme par inspira-
tion, il lui est venu à propos une pensée très-
heureuse, qui couronne sa feuille volante. Il

* Un Orateur qui, par ses discours, avoit formé
un parti considérable contre l'administration de
Phocion, lui demanda un jour avec un air de triom-
phe : N'ai-je pas bien & avec habileté trompé le
Peuple? Vraiment! répondit l'honnète & sage Athé-
nien, vous l'avez trompé; mais si jamais il revient
à son bon sens, il se vengera sur l'imposteur.

compare les Incrédules, j'ai presque dit, il
se compare lui-même à la bête féroce du
Gévaudan, qui n'attaque, dit-on, que des
femmelettes & des enfans ; un lâche insidia-
teur à faux-fuyants, dont on ignore le nom
& les qualités, & qui déroute par ses mar-
ches sourdes & cachées les plus habiles chas-
seurs. Tout est lié, selon les Philosophes,
dans la Nature ; & malheureusement dans
ce siécle la Morale ne suit que trop la Physique. Dieu vous préserve, mes chers Lecteurs, vous & vos enfans, de la bête féroce du Gevaudan !

OBSERVATION.

OBSERVATION.

LES Incrédules sont nommés communément *esprits forts* ; ils adoptent volontiers ce titre, & ils paroissent s'en faire gloire. J'examine leur droit à cette qualification, que je dirai plûtot pompeuse, qu'honorable. Est-ce à cause des difficultés qu'on rencontre, quand on cherche à devenir incrédule, & qui demandent une certaine force d'esprit pour être vaincues ? Oui, sans doute ; mais de quelle nature sont-elles ces difficultés ! Il est sûr qu'elles ne viennent pas de la nature intime du sujet, & comme les Orateurs le disent, *ex visceribus causæ.* Car il est bien plus facile & plus naturel, ce me semble, de rejetter une mystère incompréhensible, ou un miracle quelconque, que de l'admettre, & de s'élever à la croyance des choses au-dessus de la nature ; comme il est bien plus aisé à un paysan, en se conformant au matériel de la vuë, de se persuader que le soleil n'est pas plus

D

grand que fon chapeau , que de croire fcien-
tifiquement , qu'il excede la terre en groffeur
un million de fois. Refte donc , que les difficultés à vaincre , qui exigent cette force
d'efprit dont nous parlons , proviennent de
dehors , & on répondra fans doute , qu'elles dérivent de préjugés forts en faveur de la
Religion , que nous recevons par l'éducation.
Mais qu'un Mahometan , ou qu'un Juif de-
vienne Chrétien avec connoiffance de caufe ,
qu'un Idolâtre quitte fes faux Dieux , qu'un
Luthérien fe conforme aux dogmes de l'E-
glife Anglicane , ou qu'un Proteftant embraffe
la Religion Catholique par conviction , perfonne ne s'avife, malgré les grands préjugés de
leur éducation , de les nommer *efprits forts* ,
& chacun fent en lui-même , que c'eft abufer
ouvertement du terme de leur donner une
qualification qui ne leur convient en aucune
manière. Mais s'il n'eft pas naturel d'attribuer
cette force d'efprit à la fimple victoire que
ces Meffieurs font cenfés remporter fur les
préjugés de l'éducation , il faut que cette
qualification dérive néceffairement d'une autre
fource , de quelque hardieffe extraordinaire ,

quelque courage, ou plutôt témérité, qui
les caractérise spécialement ; & si cette har-
diesse, cette témérité les porte non-seulement
à ne pas craindre la mort, (car cette espèce de
force peut appartenir à un Chrétien,) mais à
braver en même tems la justice de Dieu après
la mort ; alors elle devient une force extraordinaire qui surpasse celle du Chrétien, avec
qui l'incrédule doit faire contraste en ce point
pour mériter le nom d'esprit fort par excellence. * En effet je ne connois dans le vrai
Chrétien autre espece de foiblesse, que celle
de la crainte de Dieu, foiblesse dont il se glo-
rifie avec raison, quand il dit avec Racine :
*Je crains Dieu, cher Abner, & n'ai point
d'autre crainte,*il s'arrête à ce point, & ne va
pas au-delà. Mais la force extraordinaire, la
phrénésie des incrédules est absolument sans
bornes, & pour vous en donner une idée
vive, elle se montre assez souvent dans tout

---

* Vois-tu ce libertin, en public intrépide,
Qui prêche contre un Dieu que dans son ame il
croit?
                              Boileau, Ep. 3.

fon jour à Londres parmi les pendus tant ad-
mirés & préconifés par le peuple Anglois. La
populace de certe grande Ville , accoutumée
aux combats de coqs qui fe déchirent jufqu'à
la mort , admire la force d'ame de ces héros
de potence lorfqu'ils meurent fiérement , fans
donner aucune marque de repentir , & elle
fait leur éloge par cette phrafe courte & énergique : *Dieu le d.... c'étoit un coq de grand
cœur , & il eft mort dur.* Je ne fçais pas exactement , fi l'incrédule fent en lui-même la juf-
tefle de cette comparaifon ; mais il eft fûr, &
très-fûr, que *la force d'efprit* qu'il s'arroge par
contrafte avec fon adverfaire le Chrétien ,
doit être de cette efpèce. Boileau racontoit,
que le grand Condé étant près de mourir fit
appeller fes gens , & leur dit : *Vous m'avez
fouvent ouï dire des impiétés ; mais dans le
fond je croyois tout le contraire de ce que je
difois ; je ne contrefaifois le libertin & l'a-
thée que pour paroître plus brave.* D'un autre
côté, fi le Chriftianifme eft ouvertement, &
clairement une pure fable, comme certains
fanfarons parmi les incrédules veulent nous
faire accroire, cette prétendue force d'efprit

s'évanouit auſſitôt au grand préjudice de la
réputation de ces preux & hardis Chevaliers.
On peut donc conclure fûrement que la Religion Chrétienne , déteſtée ſi cordialement
par certains incrédules , eſt en effet foutenue
par des argumens très-forts & étayée de preuves qui nous font tous foupçonner , fans
même excepter les efprits forts , que braver
le Chriſtianiſme , pourroit bien être braver la
Divinité même. Les plus fçavans parmi les
incrédules , qui fentent en quelque façon
malgré eux la valeur & le poid de ces preuves,
conviennent de cette vérité , en faifant mo-
deſtement profeſſion du fcepticiſme ; mais ils
font obligés de l'étendre, à mefure qu'ils avancent , à toutes les autres fciences , parce
qu'ils fentent en même tems que le Chriſtianiſme eſt prouvé fuivant fa nature auſſi clairement , que toute autre vérité quelconque. Ce
ne font que les *menus Philofophes* , comme
Ciceron les nomme , dont on attrape des
milliers tous les jours, par les brochures éphé-
mères ; ce n'eſt , dis-je , que ce menu frétin
qui croit bonnement que la Religion n'eſt
que pur préjugé fans preuve. Ces Meſſieurs ,

comme difoit autrefois un bel efprit ; prennent tout pour argent comptant , & croyent
tout excepté la Bible. De façon , qu'à bien
voir les chofes , comme elles font en elles-
mêmes, les prétendus efprits forts ne font
que des efprits foibles , & les incrédules en
fait de Religion les plus crédules des mortels.
Cette dernière efpece d'incredule, qui fait le
peuple dans cette fecte , ne mérite pas le
pompeux titre d'efprit fort ; car il n'en coûte
rien pour rejetter une fable manifefte, telle
que le Koran de Mahomet , & on ne peut
pas s'arroger le caractère de hardi & de coura-
geux en ce genre fans rifquer fon ame. Or
pour tout conclure en peu de mots , & c'eft
précifément là où j'ai voulu venir par une
efpèce de Méthode focratique , une fable
très-compliquée ; qui eft le produit d'un
tems immenfe ; qui dépend par une liaifon
néceffaire dans fes principes d'une fuite de
fix mille ans , & de plus de deux cens géné-
rations ; qui a été la fable univerfellement
reçue de tant de différentes Nations , de tant
de climats , de tant de fiécles , de tant de génies différens , de la première claffe en tout

genre , & de tant de tempéramens ; une
fable étonnante , à laquelle toutes ces Nations nombreuses , tous ces climats différens ,
tous ces génies sublimes ont sacrifié non-seulement leurs fables anciennes en la reconnoif.
sant comme vérité par excellence , seule diftin-
guée de toute invention humaine quelconque ,
& tirant son origine du Ciel, mais aussi leurs
passions les plus favorites , leurs plaisirs les
plus rafinés , leur orgueil, leur fausse philofophie, leurs vertus mêmes , dont la racine tenoit à l'amour-propre déréglé , & cela dans
un tems où la corruption étoit arriveé à son
comble & les vices débordoient de tous les
côtés , sans digues, & sans aucune reclama-
tion de la part de leurs prétendues sages ; une
fable enfin , qui nous éleve au-deffus de la
nature , qui ne respire que la vertu même
la plus pure , la plus universelle', qui eft soutenue par tant de preuves , qui nous venant
de tous côtés, aboutiffent, sans se croifer au
même point , par tant de marques de vérités , dont la lumiére augmente à raison
de la réflexion multipliée, affez fortes pour
enchaîner le déifte fçavant malgré lui dans

un doute éternel , eft une fable unique ,
une fable d'une efpéce qu'on ne conçoit pas ,
qui n'a jamais exifté ailleurs depuis la création
du monde , & qui n'exiftera jamais dans
toute la fuite des fiécles, quand le monde
dureroit éternellement.

PARODIE

DE LA

TROISIEME LETTRE

DU

PROPOSANT,

Adreſſée à un Philoſophe;

Par Mr. N****

Troiſième Edition , corrigée & augmentée.

Expedit vobis neminem videri bonum, quasi alienæ virtus exprobratio delictorum vestrorum sit. . . . quis iste furor ? quæ ista inimica diis hominibusque natura est, infamare virtutem, & malignis sermonibus sancta violare ? Si potestis, bonos laudate, si minus transite . . . . plus quàm octingentorum annorum disciplinâ fortunâque compages hæc coaluit, quæ convelli sine exitio convellentium non potest. Tacite.

Sapiens ædificat domum suam ; insipiens extructam quoque manibus destruet. Par. Sal.

» C'est mal raisonner contre la Religion, dit un
» Auteur célèbre, que de rassembler dans un grand
» ouvrage une longue énumération des maux qu'el-
» le a produits, si l'on ne fait de même celle des
» biens, qu'elle a faits. Si je voulois raconter
» tous les maux, qu'ont produit dans le monde
» les Loix civiles, la Monarchie, le Gouvernement
» républicain, je dirois des choses effroyables.

Esprit des Loix, l. 24. cap. 2.

AVIS
PRÉLIMINAIRE.

CEUX qui connoissent l'original sur lequel cette Parodie est formée, peuvent remarquer qu'on n'a touché en rien à la forme, ni aux idées, pas même aux mots, qui constituent la partie déclamatoire, en quoi consiste toute sa force. On n'a changé simplement que les interlocuteurs, & les objets qu'on discute, pour faire sentir que les ténèbres répandues par les Incrédules sur la Religion, amenent en même tems des ténèbres universelles sur toutes les autres vérités. L'infidèle se verra comme dans un miroir, & ses propres argumens sont tournés directement contre lui-même. Celui qui prouve trop, ne prouve rien : voilà le plan de cet Ouvrage. Personne n'est peut-être mieux en état de répondre à tout ce qu'on avance dans cette Parodie, que celui qui a composé l'original contre le Christianisme ; & sa réponse, en cas qu'il juge à propos de la faire, deviendra une espèce de spécifique applicable au venin qu'il a répandu en tout tems contre la Religion. C'est le seul moyen de finir bien vite la controverse, qu'il a suscitée, & qu'il soutient avec tant de chaleur. En attendant, c'est à pure perte que les

honnêtes gens & les amis de l'humanité se
troublent aux attaques répetées des infidéles.
Le cauflique de l'incrédulité peut être doulou-
reux à certaines perfonnes foibles & délica-
tes ; mais il ne fait aucun mal réel ; il effleure
la Religion fans la pénétrer. C'eft la pierre
infernale entre les mains de la Providence, •
qui ne confume que les mauvaifes chairs ;
& que perdra le Chriftianifme en perdant tous
ceux qui fe révoltent contre la févérité de fa
morale, & caufent ces fcandales, dont fes
annemis profitent pour le tourner en déri-
fion ? L'or ne deviendra que plus pur fans
mélange, & toutes les objections qu'on a tirées des funeftes effets de nos paffions, pour
les lancer enfuite injuftement contre la Religion, tomberont à terre. Bientôt le monde dé-
nué en grande partie de ces fublimes vérités,
(c'eft un malheur qui nous menace de près)
verra clairement à qui appartient la vefte en-
fanglantée, & la nature corrompue fe trouvant
libre fans aucun frein, reprendra fes droits ;
vous les connoîtrez alors par leur fruit. En
attendant il fuffit de montrer aux clair-voyans
l'abîme où ces Meffieurs veulent nous préci-
piter ; les faux principes qu'on employe contre la Religion font par leur nature même def-
tructifs de la fociété ; comme nous allons démontrer dans ce court imprimé, fic enim vitia
virtutibus immifta funt, ut illas fecum trac-
tura fint. SEN. Voilà le caractère du fiécle, &
voilà le portrait des faux Philofophes.

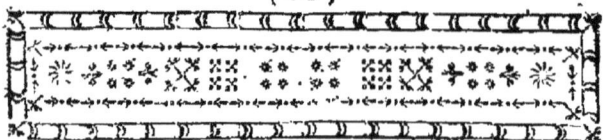

MONSIEUR,

JE vous prie de venir à mon secours à la *Terra del Fuogo* , contre un Géant Patagon d'une taille énorme , armé d'une grosse massue , qui paroît raisonner , & qui malheureusement n'est pas encore persuadé de l'existence de Dieu , ni de l'excellence de notre morale. Nos sciences les plus claires lui paroissent absurdes, & notre métaphysique inintelligible. Il me demandoit hier, pourquoi l'être, que je nomme Dieu, auroit créé le globe terrestre ? Je lui dis, que c'étoit pour placer un animal bipede , qui s'appelle *homme* , sur un tas de boue , qui est la milliéme partie de Saturne , la douze-centiéme partie de Jupiter, & la mille-milliéme partie du Soleil ; que ce tas de boue n'étoit rien en comparaison de son orbite ; que cette orbite étoit peu de chose en comparaison du système, & que le système étoit dans le nombre total de tous les autres système , comme un grain de sable

eſt parmi tous les grains de ſable, qui cou-
vrent le grand baſſin de la Mer.

Voilà bien de la belle marchandiſe, que
vous m'apportez de votre Europe, dit-il, &
cela s'appelle chez nous rêver creux; mais
n'importe; continuons. Pourquoi donc ces
hommes, ces animaux bipedes ne furent-ils
créés qu'au bout d'un certain tems, après l'é-
coulement d'une infinité d'années, qui ont
précédé, & qui pourtant n'ont pas pû s'é-
couler, parce qu'une infinité d'années ne s'é-
coule pas ? Pourquoi cette même raiſon, dont
vous reclamez le témoignage, n'a-t-elle pas
enſeigné à moi, comme à vous, l'exiſtence
de ce Créateur, & la vérité de cette morale,
que vous me prêchez? (a) Elle conſiſte à
croire, *que je dois vous faire du bien*, & ma
nature me pouſſe à vous écerveler pour en
faire mon repas; à croire, *que je dois reſ-
pecter & aimer mon père & ma mère*, & je
vois tous les autres animaux les oublier auſſitôt qu'ils ſont aſſez forts pour ſe ſoutenir tout

---

(a) Voyez la troiſiéme Lettre du Propoſant, où
toute la morale, qui ſuit, eſt fortement recomman-
dée, comme obligatoire.

feuls ; à croire, *que je dois être foumis aux Loix* faites felon la volonté des autres, & mon efprit me porte à faire ma propre volonté, & non pas celle des autres ; à croire, *que je dois me contenter d'une feule femme, & de ne me pas priver d'elle par de vains caprices*, & mon tempérament me dicte d'avoir nombre de femmes, de les chaffer quand elles me déplaifent , & de fuivre toujours mon goût, dont les variations font très-réelles, & très-phyfiques , & non pas de vains caprices ; à croire, *que je dois élever mes enfans dans l'amour du jufte, & de l'honnête*, & je les abandonne à l'inftinct naturel, qui eft bien plus fûr que votre prétendu jufte & honnête, fur quoi vous n'êtes pas d'accord entre vous, & duquel vous vous écartez continuellement ; à croire, *que je dois aimer ma patrie, adorer un Dieu éternel & jufte & fçavoir que, puifqu'il eft jufte, il récompenfera la vertu, & punira le crime ;* & je ne connois ni patrie, puifque je me trouve bien partout ; ni Dieu, qui ne s'eft jamais préfenté à mes yeux pour demander mes adorations ; ni juftice, puifque tout ce qui m'eft poffible, & me plaît, eft licite ; ni les idées contradic-

toires de l'éternité , que perſonne ne peut comprendre , & qui choquent ma raiſon ; *ni ver-*
tus , ni vices , ni récompenſes , ni punitions ,
puiſque la vertu & le vice ne ſont que deux
choſes arbitraires & locales ; (voyez le Livre
de l'Eſprit) ; & que je ne reconnois perſonne plus riche que moi pour me récompen-
ſer , ni plus fort que moi pour me punir.

Cette raiſon conſiſte encore dans certains
préjugés ſots , certaines inſtitutions arbitraires , dont la nature n'a jamais dit mot ,
puiſqu'elles naiſſent & dépendent de mille
néceſſités factices , dont on peut très-bien ſe
paſſer. Il eſt clair , & vous le ſentez bien ,
malgré la corruption de la ſociété , que la
nature ne demande rien au-delà des néceſſités phyſiques , & je ſuis fort étonné que vous
ne ſoyez pas Patagon comme moi , obéiſ-
ſant aux ſeules Loix de la ſenſation : elle
vous dit de vous tenir dans les bornes de ſes
préceptes , qui ſont ſimples & peu nombreux ,
pourquoi les réprouvez-vous ?

La nature vous dit en particulier de manger de la viande crue , préparée par ſa main
bienfaiſante , comme les animaux carnivo-
res , & du poiſſon dans ſon état naturel,

comme

comme les loutres & les oiseaux de mer.
Or, est-ce accomplir ses loix que d'en avoir
tous les préceptes en horreur ? Vous n'êtes
point tout nud, comme la nature vous a fait
naître, vous mangez de la viande rôtie, du
pain cuit au four, & des pigeons à la crapau-
dine. Par quel moyen prouvez - vous que
la nature vous inspire d'en manger ? Au lieu
de satisfaire à diverses nécessités physiques
qu'elle vous impose devant vos compagnons
& en plein air, vous vous cachez, comme si
vous étiez honteux d'être soumis à ses ordonnances. Vous faites, & vous croyez tout
ce qui est contraire à la nature : comment
pouvez-vous dire qu'elle est votre regle ? Tout
ce qui est dénaturé est déraisonnable, & vous
osez dire en l'abandonnant que vous suivez
la raison ? Vos ancêtres étoient des Sauvages comme moi, & observoient ses Loix :
les Pictes & les Gaulois, dix siécles avant de
connoître le luxe Romain, s'exposerent hardiment à l'inclémence de l'air, & grimperent
sur leurs montagnes tout nuds ; (voyez les
chansons des Druides, qu'on vient de re-
cueillir tout récemment en Ecosse.) *Caracta-*
cus alla long - temps après combattre ces

E

mêmes Romains en plein champ , la peau
toute barbouillée comme la mienne, fans vê-
tement , & fans armes défenfives , faifant
tête ainfi contre leur armure de fer pendant
plufieurs années, felon le confeil de fes Druides : il dit à l'Empereur Claude : *Je fuis un
animal libre comme les Cerfs qui courent dans
mes montagnes* : aucun Druide n'a dit , *renoncez à la nature*. Pourquoi donc les Bre-
tons d'aujourd'hui y ont ils entiérement renoncé dans la fuite des temps ? Pourquoi ont-
ils facrifié la réalité à l'ombre , la phyfique
de la liberté à une métaphyfique fotte &
inintelligible , pour laquelle ils s'entr'égorgent
comme des enragés qu'on enfermeroit pour
la vie , fi le nombre des fols n'excédoit pas
fans comparaifon celui des gens fenfés , fe
laiffant fubjuguer comme des nigauds par les
Loix, les Rois & les Parlemens , & fe croyant
libres , parce que leurs chaînes font moins grof-
fières que celles de leur voifins , pendant
qu'il ne tient qu'à eux d'être libres en tout
fens , libres comme les oifeaux qui fendent
l'air , libres comme leurs ancêtres autrefois ,
libres comme aujourd'hui les nobles Paragons
de la *Terra del Fuego* ?

Je lui répondis avec cette modération qui
fied fi bien à la vérité, & avec la modeftié
convenable à la petiteffe de ma taille : Si Dieù
ne s'eft pas rendu vifible à nos yeux, & fi
dans tous les pays du monde la nature n'a
point enfeigné expreffément la morale telle
que nous l'avons aujourd'hui, la raifon y a
fuppléé ; fi elle n'a pas tout dit, les hommes
ont imaginé ce que la raifon avoit préparé ;
enfin les Philofophes & les Académïes nous
ont appris ce que la nature & la raifon ordinaire avoient cru ne devoir pas dire. Ce
font les Philofophes, par exemple, qui nous
ont dit, qu'il faut croire en Dieu créateur
du Ciel & de la Terre, totalement diftin-
gué de toute la chaîne des êtres créés, tout
en tout, & tout en chaque partie d'étendue, fans être étendu lui-même, exiftant
par foi-même, éternel, infini & chargé de
maints autres attributs au-deffus de notre
foible conception. Ce font les Académies qui
nous ont démontré fon exiftence par la dé-
couverte de ces loix libres & fublimes felon
lefquelles il gouverne l'Univers : ce font elles qui nous ont enfeigné l'attraction mutuelle
des corps proportionelle à leur denfité, &

aux quarrés des diftances , dans le vuide , &
à des diftances immenfes , l'attraction cubi-
que , qui n'eft pas felon les quarrés des diftances ; & la conception de deux infinis , dont
un eft ou infiniment plus petit , ou infiniment plus grand que l'autre ; n'importe , vous
le prendrez comme vous voudrez. Elles nous
ont appris qu'un grain de fable , qui fait
partie d'une groffe montagne , n'eft pas égal ,
il s'en faut bien , à la montagne dont il fait
partie ; mais qu'il eft divifible fans fin en
nombre infinies de parties ; & que la montagne elle-même ne contient pas plus de parties que ce même grain de fable , qui n'eft
qu'une très-petite partie du tout : divifibilité
d'une part , & de l'autre également inépui-
fable ; & bien d'autres myftères encore , af-
tronomiques , *aimantiques* , électriques , fur
lefquels la fimple nature , la pure raifon , &
les hommes d'un gros bon fens avoient gardé
le filence : il faut que le jour vienne après
l'aurore.

Laiffez-là votre aurore , répondit-il ; une
comparaifon n'eft pas une raifon , je fuis trop
entouré de ténèbres Je conviens que les objets principaux de vos fciences ont été dé-

terminés par de grands Philofophes ; mais
d'autres Philofophes non moins grands ont admis une doctrine contraire : il y a eu autant
de Philofophes en faveur de Defcartes, & fes
amis, qu'en faveur de Newton.

Comment un Dieu infiniment fage feroit-
il venu fur ce tas de boue pour créer l'homme
le plus malheureux & le plus foible de tous
les animaux, pour ne le pas conduire lui-
même par l'inftinct naturel qu'il donne, felon
vous, à toutes fes autres créatures, pour laiffer
le foin de fon efprit, & la conduite de fon
cœur aux Philofophes & aux Légiflateurs qui
ne paroîtront qu'après plufieurs fiécles, dans
certains païs feulement, à l'exclufion des autres., qui fe contrediroient, qui fe diroient
des injures les uns aux autres, & qui feroient
verfer le fang avec leurs inftitutions militai-
res & civiles, par des foldats & par des bourreaux ?

Quoi! Dieu defcend fur la terre, il nous
donne un principe de vie, il nous doue de la
raifon, il nous infpire des goûts & des ap-
pétits pour nous enfeigner ce que la nature
demande, & il ne nous l'enfeigne pas ? Il ne
nous apprend aucune de fes loix ; il ne nous

E iij

impofe aucun précepte. Tout fe fait, tout
s'établit, fe détruit, fe renouvelle avec le
temps, en Egypte par Ofiris, à Athènes
par les Dracons & les Solons, en Thrace
par Anacharfis, à Lacédémone par Lycur-
gue, à la Chine par Confucius, à Rome
par Numa, au milieu des peuples les plus
féroces, & de l'anarchie la plus effrénée.
Ce n'eft enfin que les armes à la main qu'on
foutient le pour & le contre de tant de fyf-
têmes contradictoires, & les conftitutions de
tant de Nations douces & policées, qui fe
maffacrent mutuellement pour de pures vé-
tilles, en fe faifant gloire de leurs victoires
barbares.

Dieu, en vous créant, felon votre façon de
penfer, a fait un animal humain, tranquille,
fimple, aimant le repos, le vin & la bonne
chère; ce font - là les principes de votre
morale, & plus de la moitié de l'Europe, depuis près de trente fiécles, croit que le feul
moyen d'être dans la paix, & de l'avoir ftable
& folide, eft d'entreprendre la guerre en rompant la paix, pour fubjuguer tous ceux dont
on conçoit la moindre jaloufie; on fe regarde
mutuellement d'un œil plein d'inquiétude, la

Jaloufie ne dort jamais , & cet efprit de con-
quête , cette idée de fe procurer ainfi un repos
qui s'enfuit toujours , a fait périr plus de
monde que les tremblemens de terre , la
pefte , les maladies de toute efpéce , les Médecins & leur pharmacopée. Si les campagnes
ont été couvertes de cadavres pendant ces
guerres , les Villes ont été hériffées d'échafauds par vos diffenfions civiles pendant la
paix. Il femble que vos Princes & vos Légiflateurs , en affaffinant la fociété par leur
morale qui bleffe la nature , par leurs codes
qui la rendent efclave , & par des crimes factices qu'ils ont imaginés pour fe mettre à la
tête de la bande , ayent appris à leurs fuivans
à s'affaffiner les uns les autres fous le glaive ,
fur la potence , fur la roue , dans les flammes
& par les duels , qui font en même temps or-
donnés par les Loix de l'honneur , & défen-
dus par les Loix de l'Etat. Perfécutés & perfécuteurs , voleurs & bourreaux tour à tour ,
également imbécilles , également furieux , ils
pillent & ils font pillés , ils tuent & ils meurent par des inftitutions qu'on nomme civiles
dont les Princes , les Grands & les Philofophes fe moquent , en recueillant les dé-

pouilles des morts & l'argent comptant des vivans. Voilà la société.

Je vis que ce Patagon s'échauffoit ; je répondis à sa personne gigantesque humblement ce que les Parlemens & tous les Moralistes répondent, que les institutions civiles sont justes, mais qu'il ne faut pas prendre l'abus pour la loi. Les Législateurs n'ordonnent des punitions que pour les vrais crimes destructifs de la société, & ne prescrivent pas aux mauvais Princes de faire des injustes guerres, ni de livrer l'innocent à la mort sous le masque de la justice, ni aux mauvais Ministres de vous piller, ni aux Avocats de vous voler, ni aux Médecins de vous empoisonner, ni à vous-même de vous faire couper la gorge, ou courir le risque de la potence, pour sauver votre honneur.

Je vous avouerai, Monsieur, qu'il ne fut point content de cette réponse. Ce seroit, me dit-il avec sa voix rauque & sonore, & ses joues creuses & ridées, insulter à ma raison & à mon malheur, de vouloir me persuader qu'un tigre, qui auroit dévoré tous mes parens, ne les auroit mangés que par abus, & non par la cruauté attachée à sa nature, &

confirmée par ſes habitudes & par ſa façon de vivre. Si la Société & la Légiſlation civile & militaire, n'avoient fait périr qu'un petit nombre de Citoyens, vous pourriez imputer ce crime à des cauſes étangeres.

Mais que pendant quatre mille ans pour le moins, chaque année ait été marquée par des meurtres, ſans compter les troubles affreux des familles, par vos procès civils & criminels, les cachots, les dragonnades, les malverſations de toute eſpece ſous prétexte de juſtice, les prétendus droits de guerre, & les rapines ſous mille formes pires peut-être que le meurtre même; que ces horreurs ayent toujours été commiſes au nom de la juſtice pour ſoutenir la ſociété; qu'il n'y ait d'exemple de ces abominations, que chez des Nations policées par les arrs, & civiliſées par les Loix; alors, quelle autre que la ſociété elle-même avec ſa légiſlation pouvons-nous en accuſer ? Si elle n'avoit pas exiſté, ces horreurs n'auroient pas ſouillé la terre. Les Ordonnances civiles ont amené les diſputes; les diſputes ont produit les factions; ces factions ont fait naître les crimes; & vous oſez dire, que la raiſon eſt la mere d'une barbare engraiſſée de nos biens & teinte de notre ſang? tandis qu'elle nous a donné à nous autres Patagons une regle de vie, auſſi douce que vraie, auſſi indulgente que claire, auſſi bienfaiſante que démontrée.

Vous ne ſçauriez croire quel enthouſiaſme d'humanité & de zele échauffoit les diſcours de ce bon Patagon. Il m'attendrit malgré ſon air féroce & ſauvage, mais il ne m'ébranla point. Je lui dis que nos paſſions, dont nous avons reçu le germe des mains de la nature, & que nous pouvons régler, ont fait autant de mal ſans doute parmi les Patagons ſes freres, qu'il en reprochoit aux ſociétés policées de l'Europe. Ah! dit il, (ſes grands yeux mouillés de groſſes larmes,) nos paſſions peuvent être quelquefois baſſes & honteuſes; mais vous prétendez que votre raiſon en Europe eſt ſublime: & quand elle s'éléve par la morale, qu'elle tient quelque choſe de cet être imaginaire, la Divinité créatrice, que vous érigez ſottement en prototype, étoit-ce à elle d'être plus inſenſée & plus barbare que nos paſſions les plus funeſtes?

Je fus ému de ces paroles par crainte, car il étoit en colere, & par compaſſion en tour-

nant mes yeux vers ma chere Patrie ; car son
éloquence toute enflammée avoit pénétré mon
ame : Hélas ! dis-je , nous avons tout fait
servir à notre perte , jusqu'à la raison même ;
mais ce n'est pas sa faute ; elle n'inspire que
la douceur & la patience, elle n'enseigne qu'à
faire du bien à tout le monde, & non à faire
du mal.

Non , reprit-il , ce n'est pas la faute de la
raison, c'est celle du raisonnement; c'est ce
raisonnement, pere de la société & de la législation , qui divise en effet la femme & l'é-
poux, le fils & le pere , qui apporte le glaive
& non la paix , parce qu'à force de raisonne-
mens que chacun enfante , chacun veut avoir
raison : voilà la source malheureuse de tant de
maux. Et même vos Socrates , vos Epictetes ,
vos Empereurs Antonins, quoiqu'il n'ont traité
que la partie la plus claire & la plus simple
de la morale, auroient soulevé les hommes les
uns contre les autres , s'ils avoient pû faire un
parti ; mais ils étoient parmi ceux que vous
appellez Payens , presque seuls de leur avis ,
& un simple Aristophane suffisoit pour faire
siffler le Philosophe , sous prétexte sans doute
que *le ridicule étoit la pierre de touche de la*

vérité * Socrate n'a réuſſi qu'à s'attirer la
coupe empoiſonnée, qu'Epictete a évitée par
ſon obſcurité d'eſclave, & Antonin par ſon
éclat d'Empereur. S'il avoit pú faire un parti
parmi les Athéniens, au lieu d'empoiſonner le
Philoſophe, cette même fureur ſoulevée en
partie par un bouffon & dirigée à ſon gré, auroit tournée ſur elle même, & ils ſe ſeroient
entr'égorgés pour décider le pour & le contre
de ſa morale, & le pour & le contre du dogme
de la pluralité des Dieux. Les Patagons, les
Iroquois & les Hotentots, en ſuivant ſans dé-
tour la phyſique du tempérament, ſe ſont
abandonnés chacun à la pure nature, contre
laquelle nul mortel ne s'eſt jamais élevé. Mais
ſi nos ancêtres, non contens de dire aux hommes : *Suivez la nature*, obéiſſez à ſes Loix,
avoient ajouté : Faites-vous des Rois, fléchiſ-
ſez devant eux le genou, croyez que vos Princes, vos Philoſophes, vos Légiſlateurs ne ſont
pas comme les autres hommes, croyez qu'ils
ſont l'image vivante de la Divinité, les favo-
ris du Ciel, qui leur a donné une ſupériorité

---

* Voyez les Eſſais de Mylord Shaftsbury.

marquée , refpectez vos Héros , croyez que
le grand Hercule defcend du Ciel, qu'Ajax
procede de Telamon , & que Telamon procede de Jupiter , qui eft le Dieu fuprême ; que
le noble Achille eft le fils de Thétis , & Thétis
la fille de Neptune ; que Numa étoit infpiré
par la Nymphe Egérie , & que le célefte Ofiris & fa femme Ifis , étoient de grandes Divinités ; ou votre impiété fera punie fur un
échafaud , & votre corps fera jetté à la voi-
rie ; fi , dis-je , ces hommes fages avoient exigé
de leurs dupes une telle croyance , une telle
foumiffion , pour les affembler enfuite en autant de fociétés, dont la feule féparation légale
fuffit pour les entrechoquer , ils auroient mis
les armes à la main de nos Sauvages, ils auroient perdu leur poftérité , dont ils ont été
les bienfaiteurs.

Par tout ce que me difoit ce Patagon ref-
pectable , je vis , malgré fon air féroce & fa
groffe maffue , que fon ame eft belle , qu'il
détefte la guerre & la profeffion militaire ,
qu'il aime les hommes à fa façon ; c'eft-à-
dire , qu'à l'imitation du peuple nouveau des
Cacouacs , il fait fon propre bien toujours par
préférence, *mais avec le moindre mal poffible*

à son prochain ; qu'il ne vous mangera pas
par conséquent sans néceffité ; qu'il ne vous
pillera point , quand il n'a nul befoin de vos
effets ; qu'il ne vous affaffinera pas , quand
il peut vous piller impunément ; qu'il adore
la nature , & que fa feule erreur eft de ne pas
croire en Dieu, de rejetter ce que maints
Philofophes appellent à la Chine & en Europe *la folie de la création* , & de ne pas dire
avec maints autres Philofophes , *je la crois ,*
quoiqu'elle me femble inintelligible,je la crois
malgré que l'incompréhenfibilié de tirer quel-
que chofe de rien paroit démontrer fon impof-
fibilité. Je plaignois fon obftination , & je
refpectois fa groffe maffuë.

Il eft aifé de ramener au joug un ame
criminelle & tremblante , qui ne raifonne
point : mais il eft bien difficile de fubjuguer
un homme libre , un Patagon d'une taille
gigantefque , qui a des lumieres. J'effayai
de le dompter par fes propres principes. Vous
êtes jufte à votre façon *Patagonique ,* vous
êtes bienfaifant même, lui dis-je , quand la
nature ne vous porte pas à nous manger : Un
pauvre Européen , qui vient faire naufrage
fur vos côtes, trouvera furement avec vous

de l'hofpitalité : Vous conciliez les querelles
de vos voifins ; l'innocence opprimée aura
fans doute en vous un fûr appui , puifque vous
venez de déclamer contre les oppreffions des
fociétés en Europe. Que n'exercez - vous le
bien que vous faites , autant que la nature
vous fuggère , au nom de la Divinité, qui
l'a infpiré ? C'eft le moyen d'augmenter vos
lumieres , & de perfectionner votre morale.
Voici , Monfieur, ce qu'il me répondit. Je
m'unis à vos façons de penfer, quand vous
me dites , *aimez votre Prochain*, pourvû
qu'on ne porte pas ce précepte trop loin : car
alors vous me dites ce que j'ai dans mon
cœur ; vos Législateurs m'ont prévenu. Je ne
mange jamais perfonne , finon quand j'ai
grand appétit , & quand je ne trouve aucune
autre nourriture ; ce que votre morale même
vous permet. Mais je ne faurois fouffrir que
vos Philofophes attribuent à un être imaginaire incomprhéhenfible, un principe qui dérive de la feule nature , & qui eft connu de
tous les Anthropophages du monde. Je m'indigne , qu'on donne à vos Légiflateurs l'honneur d'un précepte, qui fera peut-être nouveau
pour vous autres animaux fociales, quant à la

pratique , mais qu'on renouvelle de tems en tems avec raifon , comme une loi éteinte par les ufages contraires.

La nature avoit promulgué ce précepte mille millions d'ans avant l'exiftence de tous vos prétendus guides , d'une maniére bien plus énergique , en parlant à nos cœurs , quoique moins fpirituelle , fi vous voulez ; & c'étoit un principe commun à nos ancêtres , dont l'antiquité même a effacé totalement chez nous la mémoire. Nous confervons , nous autres Patagons , précieufement dans toute fa pureté ce que vous perdez de vûe à force de fots rafinemeuts. Cette faute groffière & impardonnable , d'attribuer un principe fi univerfel à l'efprit particulier de certains hommes , comme inventeurs , fait foupçonner à nous autres Patagons , que vos Légiflateurs étoient d'un caractère faux , trompeurs par nature , & vous autres des pauvres dupes , qui vous laiffez mener fans confulter vos cœurs , & les infpirations de la nature.

Quoi qu'il en foit de leur caractère faux & trompeur , j'adopte la faine morale partout où je la trouve : elle porte l'empreinte de la nature , car elle eft uniforme dans tous les

tems & tous les lieux. Qu'a-t-elle besoin d'être
soutenue par le jargon des Ecoles de droit ,
& par une métaphysique incompréhensible ?
En serai-je plus vertueux , quand je croirai que
l'Etre suprême est un Etre infini , un Etre éternel , ne comprenant ni l'infinité , ni l'éternité , & qu'il ait créé dans le tems , après l'é-
coulement inépuisable d'une infinité d'années, d'un pur rien, non-seulement ce monde,
mais une infinité de mondes? Ce galimathias
philosophique est-il bien utile aux hommes ;
Y a-t-il aujourd'hui un esprit sensé , qui puisse croire des absurdités pareilles , ou qui crai-
gne d'être responsable après sa mort de n'avoir
pas admis comme une premiere vérité , l'existence d'un tel être de raison ? Qu'ont de
commun ces vaines subtilités avec nos ap-
pétits, & nos devoirs naturels?

N'est-il pas évident que la vraie vertu ,
aussi-bien que toutes nos autres idées, viennent de dehors par la seule force de la nature ; que le *To Kalon* de la vertu, selon votre
grand Philosophe le Comte de Shaftsbury ,
& le bien naturel , qui résulte de sa pratique,
suffit pour nous entraîner sans autre récom-
pense , & qu'au contraire la législation vient

des hommes, qui ont voulu dominer ? Vous
voulez être moralistes ; laissez agir la simple
nature sans prétendre la conduire, & rien de
plus. *Faites toujours votre propre bien avec le*
moindre mal possible à votre prochain, & sui-
vez hardiment votre goût sans penser à
l'avenir.

Voilà, continua-t-il, le symbole de la raison, & de la nature. En instruisant la jeunesse
de cette façon, vous ne serez pas à la vérité
décorés de titres & d'ornemens fastueux ;
vous n'aurez pas un luxe méprisable, & un
pouvoir abhorré ; mais vous aurez la considé-
ration convenable à votre état, & vous serez regardés comme des êtres raisonnables,
ce qui est le plus grand des avantages.

Je ne vous répete, Monsieur, qu'une très-
foible partie de tout ce que me dit ce bon
Patagon. Je n'ai pas voulu lui dire, que les
propos qu'il me tenoit, si malheureusement
pour l'Europe il en faisoit le voyage, con-
tribueront plus que tous les Théologiens, les
Philosophes, & les Législateurs ensemble, à
multiplier dans la suite les disputes, les divi-
sions, les tumultes populaires, le soulève-
ment des sujets contre leurs Souverains, les

crimes, les meurtres, & les maffacres. Je n'ai
pas ofé lui reprocher, qu'il reffembloit très-
fort à ces Officiers fubalternes des Cours de
Juftice, qui, fous prétexte d'appaifer le peuple,
augmentent la confufion : Car la plus grande
douceur fe change très-fouvent en colère ; &
un avertiffement amical devient une injure,
quand les deux partis ne font pas égaux en
force. Je vous conjure néanmoins de l'éclairer
par vos écrits, qui ne vous coutent rien ; il
mérite de l'être ; il eft vertueux à fa façon,
quoiqu'il ne croye pas à un Pere commun de
tous les hommes, un Pere qui ne peut être,
comme il prétend, infiniment fage, & infiniment tendre, puifque, felon nous, il préfére le
cadet à l'ainé, l'Européen à l'Afiatique, l'A-
fiatique à l'Africain, l'Africain aux Patagons ;
un Pere qui prive du foleil de la fcience le
plus grand nombre de fes enfans, pour aveugler le plus petit à force de lumiéres ; un
Pere qui châtie fans caufe les Négres, & les
Sauvages, par mille peines & mille privations,
& nous récompenfe fans mérite par mille dons
gratuits. Ce bon Patagon met dans le gouvernement de fa famille toutes ces maximes
en pratique ; il femble les avoir toutes tirées

F ij

de la pure nature : Vous lui donnerez tout ce
qui lui manque en le rendant Philofophe comme vous-même.

Il faut qu'il croye que Dieu exifte partout,
tout en tout, & tout en chaque partie ; qu'il
a tiré l'Univers du néant, qu'il a toujours exifté de toute éternité, qu'il a déja exifté par
conféquent une infinité d'années, & que
cette infinité d'années s'eft écoulée ; que la
matière eft par effence toujours étendue, pour
la diftinguer de cet être fpirituel, qui doit
fubfifter après la mort ; & qu'elle n'eft ni divifible, ni indivifible à l'infini ; de façon que
ces deux propofitions contradictoires peuvent
être au gré de chacun, & vraies & fauffes en
même tems, puifque le pour & le contre fe
trouve également démontré par les Philofophes ; que le foleil attire les planettes à des
diftances immenfes dans le vuide par une
qualité occulte, qu'on ne comprendra jamais,
foit qu'elle foit comme certains philofophes
prétendent, une proprieté de la matiere,
foit qu'elle foit, felon d'autres, une loi
libre du fuprême Légiflateur, &c. &c. &c.

Je fais, Monfieur, que cette énumération
de *myftères*, qu'on doit croire pour être bon

Philòfophe , peut effaroucher quelques ames
foibles , & paroître ridicule aux Patagons ;
mais je n'ai point craint de les rapporter, parce
que ce font eux qui exercent le plus notre
raifon , quoiqu'ils foient bien au-deffus de la
force de l'entendement humain. Dès qu'on
croit un myftère moins révoltant , on doit
croire tous les autres , que les Philofophes
établiffent, quand c'eft la même raifon qui
nous les démontre.

Ayez la bonté de m'apprendre , fi je ne vais
pas trop loin. Il y a des gens qui diftinguent
les principes dont on eft d'accord , ceux qu'on
nie, & ceux dont on eft en doute. Pour moi je
les admets tous , ainfi que vous-même. Je
crois fur-tout avec vous la Philofophie de
Newton , fur laquelle vous avez écrit avec
tant de clarté fans l'entendre , les myftères
du calcul infinitélimal , qui paffent toute imagination , & je les crois non-feulement parce-
qu'ils font contraires à ma raifon , ce qui
n'empêche nullement leur démonftration ,
qui eft dans toutes les règles ; mais parce que
je ne peux m'en former aucun idée ; & j'ofe
dire , que j'admettrois le myftère de la divifibilité infinie de la matière , ou celui des

monades fans étendue, n'importe lequel des
deux en fait de myſtères, ſi les Philoſophes,
& par deſſus tous les autres le célébre Leib-
nitz, m'avoient fait comprendre en quoi con-
ſiſtoit ſon eſſence.

J'ai l'honneur d'être.

POST-SCRIPTUM

En Réponse

A la cinquième Lettre du Propoſant.

Quand on écrit poliment contre la Religion, on y répond de même. L'homme eſt
inſéparable de celle qu'il profeſſe, & qui
la touche offenſe ſon être moral: *Le ſçavoir-
vivre* s'étend au-delà de la perſonne à tout
ce qui lui eſt cher, & l'intéreſſe particuliére-
ment. Se trouve-t-il bleſſé ou non, par les
reproches les plus ſanglants, & les ſarcaſmes
les plus amers, étayés tres-ſouvent par des
fauſſetés, qu'on lance contre le Chriſtianiſme? voilà la queſtion. Dans un écrit, où il
s'agit directement de ſçavoir ſi le Propoſant, qui l'attaque, ou le Répondant, qui le

profeſſe , doit paſſer pour un objet de dériſion , on ne badine pas. *On fait ſon propre bien avec le moindre mal poſſible à ſon adverſaire*, & on repouſſe la force par la force. Le génre de l'attaque décide de celui de la défenſe. C'eſt l'unique réponſe qu'on croit devoir faire à *la cinquiéme Lettre du Propoſant*,&c. Quant aux autres articles , ils peuvent paſſer avec mille autres erreurs du Propoſant ſans notice de ma part. Sa maniére d'attaquer à la ſauvage , & de ſauter de queſtion à queſtion , ne mérite pas qu'on s'arrête un inſtant. Ce n'eſt pas l'exercice à la Pruſſienne , comme il ſe vante dans cette même quatriéme Lettre , pour cacher ſon mauvais jeu ; c'eſt le combat *des buiſſons* à la façon des Iroquois , qui ne montre ni bravoure ni généroſité. Le Propoſant lui-même nous blâme , avec raiſon peut-être , pour avoir répondu férieuſement à une mauvaiſe plaiſanterie , qui regardeit l'hiſtoire de Jonas. Eh bien ! ne ſçachant pas exactement quand il plaiſante , & quand il eſt férieux , paſſons notre chemin , & finiſſons la diſpute en quatre mots , *riſu inepto nihil ineptius.*

F iv

RÉPONSE

En peu de mots aux dix-sept derniéres Lettres,
du Propofant.

ON dit communément, que ceux qui
défendent *la Religion contre les Incrédules*,
n'écrivent pas fi bien que leurs adverfaires.
Mais leurs livres font toujours bons, fi leurs
raifons font bonnes, & même à s'en tenir
bien meilleurs que ceux de ces ennemis de la
vertu ; car je n'appelle point bien écrire de
dirë des fottifes en beau langage, & je ne lirai
jamais un livre pour les phrafes. . . . On peut
avec un ftyle affez fec faire un fort bon livre
pour défendre la Religion, & on ne fera
peut-être rien qui vaille, fi on s'avife de
mettre fes raifons à la fauce douce.... Il ne
s'agit point de ménager les gens, qui ne mé-
nagent point le fens commun : ils tirent avantage de ces fortes de ménagemens, & font
croire aux fots qu'ils font de grands perfon-
nages par les égards qu'on a pour eux.... Ne

fe moqueroit-on pas d'un *Militaire, plein d'honneur* qui voudroit fe battre en efcrime reglee avec un *joueur de marionnettes* ?

Qu'on applique ces penfées , dont l'efprit eft tiré du grand Rouffeau , avec les deux Epigrammes qui les fuivent comme un caufti-que très-convenable aux gentilles Lettres & aux autres Ecrits impies du Propofant, & je crois que le public me difpenfera de toute autre réponfe. D'ailleurs , il ne convient pas de jouer avec un étourdi aux propos interrom-pus en prenant tout ce qu'il dit en détail , ni tomber dans le cas de l'épigramme de trois Sourds , dont l'un parle d'un fromage , le fecond de labourage , & le troifiéme du ma-riage.

E P I G R A M M E,

Imitée de J. B. Rouffeau.

Un vain Bouffon , énervé de vieilleffe ,
Et dont l'efprit baiffe de jour en jour ,
De m'attaquer a la fotte foibleffe
En poliffon , & trompeur tour à tour.
De ce pourtant ne me chaut , & l'excufe ;
Car demandant à gens de grand renom ,

S'il peut mon los m'ôter par telle rufe,
Ils m'ont tous dit affurément que non.

AUTRE EPIGRAMME,

en Réponfe au Propofant ;

Imitée de J. B. Rouffeau.

Leger de queuë, & de rufes chargé
Maître Renard fe propofoit pour règle ;
Leger d'étude, & d'orgueil engorgé
Maître Phébus fe croit un petit aigle.
Oyez-le bien, vous toucherez au doigt
Que l'Ecriture eft un conte plus froid
Que cendrillon, peau d'âne ou barbe-bleue.
Maître Phébus peut-être on te croiroit,
Si pour garant tu nous montres ta queue.

AUTRE EXTRAIT
Tiré de J. B. Rouſſeau, adreſſé au docte
Propoſant.

» A L'égard du fragment de la lettre de
» M. Arouet, * j'en trouve les vers joliment
» tournés ; mais à vous dire le vrai, tout ce
» que j'ai vû de ce jeune homme depuis ſes
» diſſertations ſur les trois Œdipes, me fait
» craindre qu'il ne prenne trop aiſément des
» impreſſions de ceux avec qui il paſſe ſa vie,
» & que l'eſprit des autres ne paſſe trop faci-
» lement dans le ſien, qui eſt beaucoup meil-
» leur. Je reconnois celui du défunt dans la
» façon cavaliere dont il traite trois de nos
» plus auguſtes Sacremens, & je m'étonne
» qu'il n'ait pas reconnu dans le commerce
» de celui dont il fait une ſi belle Oraiſon fu-
» nébre, *combien faſtidieuſe choſe c'eſt qu'un*
» *vieux badin, qui confond tous les ſujets*
» *dans le même badinage.* (Lettres de Rouſſeau à Broſſette, Tom. II. Edit. de Gen. p.
132. 133.)

---

* M. Voltaire étoit connu dans ſa jeuneſſe ſous
l'appellation d'Arouet ; c'eſt ſon vrai nom de famille

NOTE GENERALE

sur cette nouvelle Edition.

M. Néedham ne s'est jamais proposé de répondre directement en Théologien à M. de Voltaire. Il falloit un volume, comme il le remarque, dans sa premiere réponse, de quelques centaines de pages pour répondre à toutes les objections surannées, qu'il entasse, & aux faussetés qu'il multiplie contre le Christianisme. Ce travail, qu'il abandonne aux Théologiens, ne convenoit pas à un voyageur, qui ne se trouve à Genève qu'en passant. M. Néedham fait voir en général, comme Philosophe, l'absurdité de sa façon de raisonner dans les écrits précédens contre la Religion. Il y entre des faussetés notoires, & ce n'est toujours qu'avec une défiance extrême que l'on doit lire l'exposé qu'il fait des Dogmes de la Religion. Il leur substitue souvent ses chimères, ou ses méprises ; comme on peut le voir, par-exemple, dans la troisiéme lettre du Proposant, où M. de Voltaire fait entendre, que *les Conciles ont enseigné des Dogmes, qu'ils n'avoient appris ni par les moyens des Saintes Ecritures, ni par le secours de la Tradition.* Telle eft encore une autre fauffeté, qu'on voit dans la même Lettre, où il infinue que *Jéfus-Chrift a préfenté comme nouveau dans un fens abfolu le précepte d'aimer fon prochain.* &c, &c. L'Eglife n'a jamais prétendu rien faire en matiere de Foi, que de développer d'une maniere plus explicite la Doctrine de fon Fondateur prêchée par les Apôtres en s'appuyant toujours fur les Saintes Ecritures & la Tradition ; & quant au précepte d'aimer fon prochain, Jéfus-Chrift n'a fait que retracer de nouveau, ce que les Traditions humaines avoient prefque effacé de l'efprit des Juifs charnels de fon tems. Il n'a fait que perfectionner la loi par un commandement nouveau de régler notre amour fur celui qu'il a porté aux hommes en s'humiliant & en fouffrant pour eux. *Je vous laiffe un commandement nouveau de vous aimer les uns les autres comme je vous ai aimés.* Ev. de S. Jean, chap. 1 3. v. 3 4.

Je dois avertir que dans la parodie que j'oppofe à cette troifiéme Lettre du Propofant, j'ai quelquefois imité l'adreffe miférable,

dont uſe M. de Voltaire en altérant les Dogmes qu'il attaque. Le Paragon , que je mets
ſur la ſcène , charge le tableau des difficultés ,
il l'outre même en quelques endroits par des
imputations fauſſes. Mon deſſein eſt de mieux
faire ſentir par-là l'illuſion que peut produire
l'art ſi familier à M. de Voltaire de ſemer
dans la diſpute des fauſſetés utiles à ſes vûes.
On voudra bien ſe rappeller en liſant cette
Parodie l'unique but que je m'y propoſe ; un
Lecteur attentif s'appercevra aiſément du
faux des objections , & qu'elles ne ſont
qu'un expoſé ironique des conſéquences per-
nicieuſes , qu'entraîne la méthode de M. de
Voltaire dans l'attaque qu'il livre au Chriſtianiſme. Comme on doit préſumer qu'aucun
de mes Lecteurs n'aura ni la foibleſſe ni la
folie inconcevable de ſe donner pour Diſ-
ciple de mon Paragon , en conſéquence
des paralogiſmes *à la Voltaire* , que je lui
préſente contre l'exiſtence de Dieu & les loix
de la Société : tout homme ſenſé ſera forcé
dorénavant de regarder l'Auteur de l'original contre le Chriſtianiſme, dont les tours &
les détours ſont ſi parfaitement rendus mot
pour mot dans la copie , comme un miſérable

Sophiſte digne du mépris de tous les ſiécles.

C'eſt de quoi je ſuis bien-aiſe de prévenir mon Lecteur, en même tems que par cette nouvelle édition de mes Ecrits d'après celle de Genève dans l'année 1765, je mets le Public au fait des cauſes qui m'ont attiré une ſuite d'injures dans pluſieurs Piéces volantes que M. de Voltaire ne ceſſe de donner depuis cette époque.

REMARQUES

SUR LA SEIZIEME LETTRE

DU PROPOSANT.

Premiere.

L'Objection captieuse , que le Proposant avance contre la véritable antiquité du Pentateuque , qu'il traite d'ouvrage fort postérieur à Moïse , est tirée d'une phrase incidente , qui se trouve insérée, selon quelques Interprètes, dans le texte par l'inattention des Copistes. *On y parle des Rois qui ont régné en Edom avant que les enfans d'Israël eussent des Rois* ; & il fait en conséquence, à sa façon ordinaire , d'une très-petite mouche un très-grand éléphant. On lui a déja dit , qu'il y avoit de la puérilité d'éplucher ainsi la Bible , & de chicaner sur des mots & des syllabes , qui ne touchent pas à l'essence des Livres sacrés ; on lui a répété de plus , que tou-

tes

tes fes objections étoient furannées & terraf-
fées cent & cent fois ; cependant il ne fe cor-
rige pas ; & loin d'avouër qu'il ait tiré cette
objection de Spinofa , mort il y a près de cent
ans , il diffimule , où plutôt il écarte exprès la
réponfe , que fans doute il n'ignoroit point.
C'eft effectivement affez divertiffant de voir
comment le Propofant amufe fes Lecteurs ;
mais après avoir bien remarqué fa manière
de déployer toute fa petite logique à efcar-
moucher en vrai Don Quichotte avec des êtres
imaginaires , croira-t-on qu'il s'agit ici uniquement d'un verfet poftiche ; provenant
d'une note marginale , felon quelques Inter-
prêtes, qui s'eft gliffé dans le texte par l'inattention des Copiftes , ou plutôt , felon d'autres , d'une pure vétille grammaticale qui
s'entend parfaitement avec un peu de réflexion ? En effet , le texte Hébréu , Grec & La-
tin , ne dit pas *avant qu'il y eût des Rois en*
Ifraël, mais *avant qu'il y eût un Roi (Melek)*
ou un Chef. C'eft le Propofant lui-même ,
qui par un tour d'adreffe change le fingulier
en pluriel exprès , pour faire naître une abfurdité dans les Ecrits facrés , & pour écarter le

G

véritable fens ; le voici en peu de mots. Le mot *Melek* s'applique dans l'Ecriture fainte, en plufieurs endroits , à tout Roi , Duc , ou Chef de nation quelconque , fans qu'il y refte le moindre doute fur cette fignification ainfi étendue. Donc en faifant l'énumération des Rois , ou plutôt des Ducs d'Edom pendant la captivité d'Egypte , Moïfe veut dire , que ces Princes ont régné en Edom , avant que les enfans d'Ifraël fuffent formés *fous un Chef* en corps de nation ; & le nombre de ces Ducs , dont il eft fait mention , qui ne peut pas remplir l'efpace depuis Moïfe à Saül , quadre très-bien avec la chronologie depuis Jacob, frere d'Efaü, pere des Edomites, juf-qu'au tems de Moïfe auteur du Pentateuque. Ai-je raifon , ou non , de dire, que les Incré-dules n'ont rien de folide à objecter con-tre les Ecritures Saintes , quand ils font dans la néceffité d'avoir recours à des minuties pa-reilles ? ou aurai-je tort à foutenir, qu'il n'en coute pas tant qu'on s'imagine pour *fe quali-fier* à répondre victorieufement à toutes leurs difficultés fophiftiques ?

Seconde.

Texte du Propofant , tiré de la feiziéme Lettre , ayant rapport aux Sauvages de l'Amérique.

» Nous conclumes derniérement la paix » avec la Nation des Savanois. Une des conditions étoit, qu'ils nous rendroient de jeunes » garçons Anglois , & de jeunes filles , qu'ils » avoient pris , il y a quelques années : ces » enfans ne vouloient pas revenir auprès de » nous ; ils ne pouvoient fe détacher de » leurs Chefs Savanois : enfin le Chef des » tribus nous ramena hier ces Captifs , tous » parés de belles plumes , & nous tint ce » difcours.

» Voici vos fils & vos filles que nous vous » ramenons ; nous en avions fait les nôtres; » nous les adoptâmes dès que nous en fûmes » les maîtres; nous vous rendons votre chair » & votre fang : traitez - les avec la même » tendreffe que nous les avons traités ; ayez » pour eux de l'indulgence , quand vous ver- » rez qu'ils ont oublié parmi nous vos mœurs

» & vos ufages. Puiffe le grand Génie du
» monde nous accorder la confolation de
» les embraffer, quand nous viendrons fur
» vos terres jouir de la paix, qui nous rend
» tous freres, &c. « (Extrait d'une Ga-
zette Angloife, relative aux Sauvages d'A-
mérique.)

Cette Lettre, ajoute le Propofant, nous
attendrit tous. M. Néedham s'étonne que
tant d'humanité pût animer les cœurs des Sauvages, &c. —— *Ecce iterum Crifpinus.*

Remarque.

Ce grand homme qui dirige la plume fa-
vante du Propofant, & on peut ajouter celui *
qui protége l'innocence opprimée contre huît
Juges *bons Catholiques,* ** avec le fecours

———————————————

* On attribue communément les Lettres du
Propofant à un Perfonnage très-célébre dans la
République des Lettres. Comment le croire, tant
elles font difparates auprès de fes plus beaux ouvrages ?

** Voyez la feiziéme Lettre du Propofant.

& l'approbation de tous les *mauvais Catholi-*
ques de la terre, dont j'ai l'honneur d'être,
reparoît de nouveau fur l'horifon de Genève, pour venger la caufe des Sauvages, qu'on
méprife fans raifon, & pour détromper les
pauvres Chrétiens, qui duement & loyalement
eftimés, n'ont vis-à-vis de ces gens amira-
bles, ni foi, ni loi, ni morale. Il adreffe en
conféquence de la lettre précédente qui leur
fait tant d'honneur, une Epître circulaire de
huit pages, contenant l'éloge des Savanois,
préconifant leurs vertus *in gradu heroïco*, les
propofant, fans doute, comme des *exemples*
d'humanité à fuivre, fi jamais les Marcs Au-
reles reviennent fur la terre pour autorifer de
rechef, comme autrefois, la perfécution des
Chrétiens, & les canonifant à toujours, comme les bien-aimés de fon Dieu parmi fes con-
freres les Déiftes.

» *Ils adorent ce Dieu*, dit-il, *avec amour,*
» *i's chériffent les hommes, ils font bienfai-*
» *fans, &c.*

Quelle abfurdité ! quelle horreur, de con-
damner ces excellens fujets, *qui font l'on-*
neur de l'humanité, aux flammes éternelles.

G iij

parce qu'ils ne croyent pas en un *Sauveur*,
dont ils n'ont jamais entendu parler !

Un monstre donne naissance à un autre ;
d'une absurdité suit tout ce qu'on veut ; &
notre Proposant, en lui passant son antécé-
dent, paroîtra sans doute avoir raison ; parce
qu'une sottise bien appliquée, si on la passe,
en engendre mille autres, comme on voit évi-
demment dans la célébre Ode à Uranie, qui
est bâtie sur le même faux principe, dans toute
la suite des Lettres du Proposant, & notam-
ment dans la seiziéme, que nous discutons
présentement.

Mais malheureusement pour son honneur,
il y a ici une petite erreur, qu'on ne lui pas-
sera pas certainement, dans la supposition
que notre Auteur fait, pour se mettre tant
soit peu à son aise vis-à-vis de son adversaire.
La Religion ne nous dit point qu'on sera condamné dans le cas d'ignorance invincible,
pour n'avoir pas cru en Jesus-Christ, & Saint
Paul aussi, aussi-bien que l'Evangile, affirme
expressément que *chacun sera jugé dans la vie
future par la Loi qu'il connoît, selon le poids
& la mesure de ses talens, & non par la Loi*

qu'il ne connoît pas. De plus , autre chofe eft
de jouir de la béatitude fuprême , que Dieu a
jadis offerte à nos premiers patens , & qu'il
donne aujourd'hui à plufieurs , fous telle con-
dition qu'il lui plaît ; autre chofe d'être condamné aux tourmens éternels , qui ne font
attachés (fi on fe tient uniquement à ce que
la foi exige de croire) qu'aux péchés perfon-
nels. Ce font là les deux extrêmes de l'état
futur , entre lefquels la raifon trouve des fi-
tuations moyennes , qui , fans être un état
de béatitude conftante & parfaite , peuvent
renfermer différents degrés de bonheur in-
férieur pour les enfans qui meurent fans bap-
tême, pour les imbécilles non baptifés , &
pour les Sauvagees qui obferveroient la Loi
de la Nature , fans jamais la contrevenir grié-
vement. Tel Sauvage vertueux à toute épreuve , abandonné ainfi à fon ignorance fans ref-
fource, exifte-t-il, ou n'exifte-t-il pas? C'eft
l'affaire de ceux qui font intéreffés dans cette
recherche à le vérifier : c'eft une hypothèfe que
je fais gratuitement, fur-tout fi on fuppofe
que Dieu le laiffe dans cet état de ténébres ,
fans l'éclairer , ou par des moyens naturels.

G. iv.

fous la conduite d'une Providence fpéciale qui préfide à toutes nos actions, ou par des moyens furnaturels. Voilà ce que répondra un homme au fait de fa Religion, & voilà ce qui contentera certainement tout efprit droit & équitable. N'importe, dira-t-on peut être, & fur-tout quelque admirateur zélé du Propofant ; celui qui prime parmi les beaux efprits doit avoir raifon, même quand il fort de fa fphère pour nous endoctriner, malgré la raifon même ; & tout le monde eft fait pour fe profterner à fes pieds, ou condamné à paffer auprès de la multitude pour un échappé des Petites-Maifons. (Voyez la feiziéme Lettre). La preuve de cette conféquence eft claire & fans réplique ; car qu'on nous demande d'où vient que les Apotres & tant d'autres Saints, jadis révérés par toute la tere, nous paroiffent maintenant fi fots, traveftis dans certains écrits modernes ? C'eft qu'en prêtant à ces efprits fublimes notre maniere de penfer, nos déréglemens, nos crimes, nous les faifons tous des êtres à notre façon, comme les Romains traitoient autrefois leurs Divinités factices : c'eft enfin, que les grands Auteurs fe

peignent eux-mêmes très-fouvent dans leurs
ouvrages , en cherchant à peindre les autres ;
le tout prend un biais felon leur volonté
bonne ou mauvaife , *& s'ils font ce qu'ils
veulent avec le bois verd , que ne feront-ils
pas avec le bois fec ?*

Pauvre *Anguillard !* * quoique tu ne fois
point , pour le malheur de ton adverfaire ,
qui cherche à fe retrancher derriere les pré-

---

* *Anguillard* , fobriquet très-plaifant, inventé par
le Propofant pour exprimer un Obfervateur mi-
crofcopique des Polypes , Anguilles , & autres ani-
malcules aquatiques. Mais eft-elle auffi également
une bonne plaifanterie, ou une bévue, quand, pour
turlupiner un *Gregoire Thaumaturge* , au lieu de
dire , que fon bâton planté dans la terre s'étoit
changé en arbriffeau, on avance que , felon la légende , le Saint lui-même s'eft métamorphofé en
arbre ? (Voyez la quinziéme Lettre). Si M. de
V... en citant la légende fait allufion à une autre
anecdote de la vie de ce Saint où l'Auteur raconte
que les perfécuteurs le cherchant fur une montagne
où il s'étoit réfugié avec un feul compagnon , fe font
trompés en les prenant pour deux arbres ; on peut lui
répondre que cela ne fuppofe aucune métamorphofe ;
mais que ceux qui les cherchoient alors, comme celui
qui leur cherche difpute aujourd'hui, avoient la berlue.

jugés popolaires , ni *Athée* , * ni Irlandois ,
ni Jésuite , ni même *Eléve des Jésuites* , la
réputation que tu procures en vain , dit-on ,
parmi les Athées , par tes découvertes mal-
entendues , ne te fauvera jamais du grand
ridicule dont ton adverfaire te couvre aux
yeux de toutes les Ravaudeuſes de Genève ,
en fubftituant dans fa Lettre fes paroles aux
tiennes. C'étoit ainſi que les chênes de Do-
done , & les trépieds d'Apollon , raifonnoient
autrefois , quand tout étoit divinifé aux yeux
de la populace , & les têtes de bois con-
facrées par la renommée , paffoient fans
examen pour des oracles à qui toute la terre
prêtoit foi & hommage. Mais quittons le Lac
Léman , & revenons à nos Sauvages de l'A-
mérique.

---

* *Athée* , autre fobriquet qui n'eft pas tout-à-
fait ſi plaifant. Voyez la cinquième Lettre du Propoſant , où il fe met ſi fort en colere , qu'il ou-
blie le refpect qu'il doit à lui-même ; cependant
par les Loix de la fociété civile il n'eft jamais permis à un mafque de fe fâcher contre les
railleurs. *O Jupiter ! tu te mets en colere, tu as donc
tort !* Lucien. -

On raconte que Platon autrefois , cherchant à bien définir l'homme , l'a préfenté à
fes Difciples fous le portrait *d'un animal bipede* , *fans plumes* , *& portant la tête en
haut*. Diogène , qui s'étoit préparé d'avance
pour s'oppofer efficacement aux idées chimé-
riques du Philofophe à la mode , tira , dit-
on , un coq plumé de deffous fon manteau,
en criant : *Le voici* , *voyez* , *je vous prie* ,
Meffieurs , *& recevez felon fon mérite l'homme
de Platon*.

EXTRAIT

D'une Description exacte des établiſſemens
Européens en Amérique. En Anglois,
2 vol. *in* - 8°. *à l'article des fêtes des*
Sauvages, & de leurs cérémonies après
la Guerre.

» EN attendant, le ſort de leurs priſonniers
» reſte indécis, juſqu'a ce que leurs Vieillards
» s'aſſemblent & ordonnent la diſtribution.
» Il eſt de coutume d'offrir un eſclave à cha-
» que famille qui perd un ſujet par la guer-
» re, & on a ſoin de proporrionner la répa-
» ration à la perte qu'on vient de faire. Ce-
» lui qui tient le captif l'accompagne juſqu'à
» la porte de la cabane où la famille demeu-
» re, à laquelle on le céde, & il donne avec
» lui une ceinture de *Wampum*, qui ſert
» comme un témoignage en ſa faveur de ce
» qu'on le tient quitte de l'obligation que la
» guerre impoſe de réparer la perte d'un Ci-
» toyen. Ils regardent attentivement l'Eſ-

» clavè pendant quelque temps,& felon qu'ils
» le jugent propre ou impropre pour fervir
» dans leur famille, ou que déterminés par
» pur caprice, ils prennent fubitement à fon
» premier afpeâ du goût pour lui, ou qu'ils
» conçoivent au contraire du dégoût, ou
» qu'enfin portés par leur férocité naturelle,
» ou irrités par leur perte, ils décident de
» fon fort ; il eft, ou reçu dans la famille,
» ou condamné à la mort. S'ils décident pour
» fa mort, ils rejettent la ceinture avec in-
» dignation ; alors il ne dépend plus de per-
» fonne de le fauver. La Nation s'affemble
» fans délai, comme pour célébrer une fête
» folemnelle ; un échaffaud eft dreffé , & le
» prifonnier eft attaché à un poteau : il com-
» mence lui-même tout de fuite fa chanfon
» de mort , & fe prépare pour la fcène de
» cruauté, qui doit fuivre,avec la plus grande
» intrépidité. De l'autre côté fes ennemis fe
» difpofent à mettre fon courage ftoïque à la
» derniere épreuve, par tous les tourmens
» que l'efprit de l'homme le plus ingénieu-
» fement méchant peut inventer : ils com-
» mencent par les extrémités de fon corps,
» & ils avancent par degrés vers le tronc :

» quelqu'un d'entre les Affiftans lui déracine
» les ongles un à un : un autre lui prend
» un doigt , & déchire la chair avec fes dents,
» un troifiéme enfonce dans fa pipe rougie
» exprès au feu ce même doigt tout meutri
» & mâché , pour en tirer la fumée fucculente
» en guife de tabac ; enfin ils écrafent tous
» les autres doigts des pieds & des mains en-
» tre deux pierres; ils font enfuite des fec-
» tions circulaires à l'entour des jointures ,
» & des plaies profondes dans les parties les
» plus charnues de fon corps, auxquelles on
» applique à l'inftant un fer rouge ; coupant
» fucceffivement les différentes parties , & les
» brûlant alternativement ; ils déchirent après
» la chair ainfi meurtrie , & rôtie morceau
» par morceau, la dépecent , la dévorent
» avec avidité , & dans un accès d'horreur &
» de rage ils fe barbouillent avec le fang de
» maniere qu'il dégoûte continuellement de
» leur vifage jufqu'à terre. Quand ils ont
» ainfi arraché la chair , ils tordent les neifs
» autour d'une baguette de fer , les rompant
» & les déchirant, pendant que d'autres de
» la compagnie tirent les membres , foit bras ,
» foit jambes, de toutes leurs forces , & les

» allongent par tous les moyens poſſibles, qui
» peuvent augmenter les tourmens du pa-
» tient. Cet exercice dure fréquemment cinq
» ou ſix heures de ſuite. Alors on délie le pri-
» ſonnier , pour donner un peu de relâche à
» leur fureur, pour inventer de nouveaux
» tourmens , & pour réparer les forces du
» patient , qui très-ſouvent épuiſé par la vio-
» lence de la douleur, tombe dans une ſi pro-
» fonde léthargie , qu'on eſt obligé de lui ap-
» pliquer un fer rouge pour l'éveiller , & pour
» renouveller ſes ſouffrances.

» Il eſt derechef attaché au fatal poteau ,
» & derechef ils recommencent avec joie
» leurs cruautés. On le perce par tout le
» corps avec des roſeaux briſés , & on y fait
» entrer des méches de bois, qui s'enflamment
» aiſément , mais qui ſe conſument lente-
» ment. On lui arrache les dents une à une ;
» on lui tord les oreilles juſqu'à les déraci-
» ner ; on lui créve les yeux, & pour finir
» cette affreuſe boucherie, après avoir con-
» ſumé ſa chair par des feux lents , après avoir
» tellement mutilé ſon corps, que le tout n'eſt
» qu'une ſeule plaie, après avoir défiguré ſon

« vifage fi horriblement qu'il ne lui refte rien
» de la forme humaine , après avoir écorché
» fa tête pour verfer enfuite deffus des char-
» bons ardens , ou de l'eau toute bouillante ;
» ils délient encore une fois leur prifonnier ;
„ qui, femblable au malheureux Oedipe, aveu-
» gle & chancellant de foibleffe , quoiqu'a-
» nimé par la douleur, eft tout de fuite affailli
» comme une bête féroce, de coups de pierres
» & de bâtons , tantôt à terre , tantôt debout ;
» & tombant par fois dans leurs feux pofés
» de diftance en diftance , il fe jette ainfi çà
» & là , jufqu'à ce que quelqu'un des Chefs
» touché de compaffion , ou par ennui, lui
» ôte la vie d'un coup de maffuë , ou de
» poignard. Le corps alors eft plongé dans
» une marmite qui bout , & la fête finit par
» un feftin antropophage.

» Mais ce qui nous étonne le plus , les fem-
» mes mêmes , oubliant leur douceur natu-
» relle , & métamorphofées en vraies furies ,
» jouent leurs rôles barbares au parfait, &
» furpaffent les hommes dans ces fcènes
» d'horreurs. Les Vieillards, ceux qu'on ref-
» pecte comme les Princes , les Sages de la
» Nation ,

» Nation, & qui dirigent tous ses conseils ;
« assistent en vrais stoïques, avec une apathie
» plus que philosophique, fument à leur aise
» autour de l'échafaud, conversent ensem-
» ble avec un sang-froid admirable, & re-
» gardent ce qui se passe sans la moindre
» émotion «. ——— Ce sont là des vertus
nationales, puisque la vertu, selon nos Maîtres modernes, est une chose arbitraire, cul-
tivée par des peuples entiers, commes les
combats des Gladiateurs, jadis approuvés par
les Sénéques, les Epictétes, les Marcs Au-
reles, & les prétendus justes du monde Payen.
D'après ce tableau, regrette qui voudra la
vie animale, les forces physiques des Sauvages, & qu'on nous dise, avec les Jean-
Jacques, que les sciences acquises ne sont que
des maladies de l'ame destructives de son vrai
bonheur !

Reparois maintenant, ô Diogène ! avec
ta lanterne, pour chasser ces funestes oiseaux
de la nuit, faux emblêmes de la sagesse, qui
nous troublent, & pour éclairer nos folies ;
annonce à nos Philosophes, & proclame
à toute la terre : Voilà les saints de notre doc-

H

te , humain & doux Propofant; de celui qui
cache le Soleil à midi , pour le faire paroître à minuit. —— Voilà ceux qui doivent
jouir par préférence de notre eftime, en cra-
chant au vifage de tous les Chrétiens ! *Quelle
abfurdité! quelle horreur d'exclure des êtres
fi bienfaifans, qui adorent Dieu avec amour ,
qui chériffent les hommes , de la béatitude fuprême , pour y fubftituer un Charles Borro-
mée , deffervant les malades , confolant les
peftiférés au rifque de fa vie , ou un foible
Evêque de Marfeille formé après la morale
de l'Evangile , dont le babillard Pope fait de
vains éloges.* —— Imitons plutôt nos chers
Savanois. —— Les voilà ! les voilà ! ——
Solvantur rifu tabulæ. Hor.

AVIS AU LECTEUR.

Si quelque admirateur zélé du Propofant eft difpofé à croire que je l'ai traité avec trop de dureté , qu'il fe fouvienne de la Loi , du Talion , qu'il fe perfuade que la Religion bleffée veut être vengée avec force, & fur-tout qu'il pardonne l'excès de fatyre à un Anglois nouvellement échappé des Petites-Maifons. (Voyez encore la feiziéme Lettre du Propofant). A tout efprit bien formé , qui connoit la Religion , que faut-il de plus pour le confolider dans fa croyance que de lire les Ouvrages abfurdes de nos Adverfaires ? Tant ils s'éloignent de leur but en nous attaquant avec une fureur brute, & aveugle! C'eft un tribut de reconnoiffance, que je leur dois & que je leur paye avec plaifir. Plût à Dieu, que la partie foible du genre humain fût en état d'en profiter, & de ne puifer dans ces fources infectes, que l'horreur qu'elles doivent infpirer, à tous ceux qui refpectent quelques principes de la croyance ou des mœurs! Loin de chercher à arrêter le cours de tant d'Ecrits fcandaleux & funeftes , on pourroit en demander hautement au Gouvernement un tolérantifme univerfel. Que le monde décide maintenant qui de M. de Voltaire, ou fon Adverfaire, a plus befoin d'Hellébore, & afin qu'on ne déplore plus la perte d'un fi bel efprit : *Naviget Antyciram.* Hor.

F I N.

www.ingramcontent.com/pod-product-compliance
Lightning Source LLC
Chambersburg PA
CBHW060616100426
42744CB00008B/1414